SIÉGE DE METZ

JOURNAL
D'UN
AUMONIER

MÊME LIBRAIRIE

OUVRAGE DE M. L'ABBÉ RAMBAUD

MÉTHODE D'ENSEIGNEMENT RAISONNÉ, par M. l'abbé CAMILLE RAMBAUD, du diocèse de Lyon, avec une lettre de N. S.-P. le Pape Pie IX et l'Approbation motivée de Mgr MERMILLOD 1 vol. in 8. 6 fr.

« De l'avis de tous les hommes compétents qui l'ont examinée, cette nouvelle Méthode est appelée à produire une révolution dans l'enseignement. C'est d'après eux une œuvre magistrale qui, sortant des vieilles ornières de l'enseignement primaire, doit lui inspirer une marche plus rapide et plus en harmonie avec les besoins du temps. »

OUVRAGES DE M. ANTONIN RONDELET

MÉMOIRES D'ANTOINE, ouvrage couronné par l'Académie française. 4ᵉ édition. 1 vol. in-12. . . . . 2 fr.

MÉMOIRES D'UN HOMME DU MONDE, 2ᵉ édition. 1 vol. in-12. 2 fr.

CONSEILS AUX PARENTS SUR L'ÉDUCATION DE LEURS ENFANTS, 1 vol. in-12. . . . . 1 fr. 50

LA MORALE DE LA RICHESSE. 1 vol. in-12 . . . . 3 fr.

LE LENDEMAIN DU MARIAGE, 1 vol. in-12. . . . . . . 3 fr. 50

LE DANGER DE PLAIRE, 1 vol. in-12. . . . . 3 fr. 50

PROGRAMMES DE PHILOSOPHIE, 1 vol. in-12. . . . . . 2 fr.

LYON. — IMPRIMERIE PITRAT AÎNÉ, RUE GENTIL, 4.

SIÉGE DE METZ

JOURNAL D'UN AUMONIER

PAR

L'ABBÉ CAMILLE RAMBAUD

AVEC UNE PRÉFACE

PAR M. ANTONIN RONDELET

DEUXIÈME ÉDITION

LYON

P. N. JOSSERAND, LIBRAIRE-ÉDITEUR

3, PLACE BELLECOUR, 3.

1871

TOUS DROITS RÉSERVÉS

PRÉFACE

DE L'ÉDITEUR

I

Le petit volume qu'on va lire se compose de deux parties distinctes.

Il renferme d'abord un certain nombre de lettres écrites depuis le commencement de la guerre jusqu'au jour de l'investissement de Metz, puis un *journal* rédigé jour par jour, et pour ainsi dire heure par heure, jusqu'au moment du départ pour l'Allemagne.

Ni les *lettres*, ni le *journal* n'étaient destinés à la publicité ; il suffira d'un coup d'œil jeté sur ces pages pour s'en convaincre. On n'y trouvera rien de ce qui fait la préoccupation habituelle d'un auteur ou d'un historien, aucun art de composition, aucune recherche de la forme, aucun souci des renseignements et des informations, rien de ce qu'il faut prendre en considération lorsqu'on s'adresse à des lecteurs véritables, lorsqu'on sent le besoin d'accréditer sa parole et de faire goûter son style.

Cet abandon de la plume a été si loin que, malgré nos scrupules d'éditeur et notre religieux respect pour le texte, nous avons dû, dans plus d'un passage, supprimer une répétition entraînée par la négligence, suppléer un mot absent, corriger quelqu'une de ces locutions vicieuses dont chaque province transmet soigneusement l'héritage à ses enfants.

Ces petites modifications sont les seules que nous ayons cru devoir nous permettre : elles ont pour but, non pas de modifier en quoi que ce puisse être la physionomie originale du texte, mais simplement de faire, en l'absence d'un

PRÉFACE

ami, ce qu'avec son consentement et sur son invitation, nous aurions probablement fait sous ses yeux.

Il a bien fallu aussi, dans ces souvenirs tout à fait intimes, respecter l'incognito des personnes uqi s'y trouvaient nommées, et supprimer ainsi, par une raison de haute convenance, des détails qui ne pouvaient avoir aucun intérêt pour le public.

On le voit, les changements imperceptibles auxquels on s'est cru autorisé se bornent à quelques ratures, et laissent le fond et la forme complétement intacts.

S'il était donné au lecteur d'avoir, comme nous, sous les yeux, les pages que nous avons copiées, l'état de ces minces feuillets, leur aspect, leur écriture, témoigneraient, avec plus d'éloquence que nous ne pouvons le faire, des conditions cruelles et navrantes dans lesquelles ils ont été écrits et envoyés. Les lettres qui précèdent l'époque du siége ont été, en grande partie, tracées au crayon, au coin d'un bivouac, dans la voiture où l'auteur s'abritait, au bruit du canon, ou avec l'encre épaisse de cette école de village dans laquelle il s'était réfugié pour quelques heures. Pendant son excursion à Paris, le papier lui-même pris sur le bureau d'un ami témoigne de sa provenance ; pendant le siége, la main plus posée, l'écriture uniforme, la similitude des feuilles attestent le calme et le repos forcés pendant lesquels ces souvenirs ont été consignés chaque jour.

Les *lettres* comme le *journal* avaient l'un et l'autre la même destination, et dans la pensée de celui qui les a rédigés, il n'y avait point entre eux de différence. L'ecclésiastique, l'ami auquel l'absent donnait de ses nouvelles, ne jouait pas seulement le rôle d'un simple correspondant et d'un intermédiaire. Celui qui allait se dévouer ainsi sur les champs de bataille lui avait remis, au moment du départ, le soin et l'héritage de son œuvre la plus chère, cette *Cité de l'Enfant-Jésus*, dans laquelle les vieillards sont abrités, les infirmes recueillis, les petits enfants enseignés. Cette œuvre de piété et de dévouement est connue depuis longtemps à Lyon, la ville des bonnes œuvres, et ce n'était pas, comme on le verra du reste par la correspondance elle-même, une des moindres douleurs, ni un des moindres soucis de l'abbé Rambaud que d'avoir à quitter ainsi ses écoles, ses vieillards et ses malades. Il était parti l'âme pleine de leur souvenir, et sa pensée non plus que ses prières ne les avaient pas abandonnés. Le secret des lettres qu'on va lire est tout entier dans cette effusion de cœur. Tout en écrivant à son ami, au compagnon de sa tâche, il s'entretenait en même temps avec tout ce monde de pauvres gens; il allait au-devant de leurs questions et de leurs inquiétudes, et leur communiquait ses réflexions en même temps que ses aventures.

Le *Journal du Siége* a quelque chose de plus suivi et de plus élevé. Il s'adresse particulièrement à l'ecclésiastique auquel il était destiné. L'auteur nous apprend lui-même, avec une simplicité touchante, dans quel esprit et dans quel dessein il prenait ainsi la plume chaque jour, et principalement à ses heures de récréation, pour se distraire, ou de découragement pour se relever. Renfermé dans cette ville qu'un étroit blocus isolait du reste de la France, n'ayant pour se renseigner, au bout de plusieurs semaines, qu'un numéro du journal apporté dans les bottes d'un gendarme, l'abbé Rambaud avait trouvé utile pour lui-même de se rendre visible chaque jour sa propre pensée, et de se la représenter telle qu'on peut en effet la verser dans le sein d'un ami. Empêché par le siége d'écrire à celui qui avait l'habitude de recevoir ses confidences et ses recommandations, il ne laissait pas de lui adresser la parole, sans savoir si ses réflexions étaient destinées à lui parvenir jamais. C'est ainsi qu'en fixant pour un ami l'expression de ses sentiments et le résultat de ses méditations, il trouvait moyen de se donner un témoin, un conseil, un soutien de sa propre vie.

Nul ne s'étonnera de la sincérité, de l'aban-

PRÉFACE

don, de la naïveté même, pourrions-nous dire, qu'on rencontre d'un bout à l'autre de ces pages. C'est bien le cas de dire ici qu'à la place de l'auteur auquel on pouvait s'attendre, on est, sinon surpris, du moins charmé, suivant le mot de Pascal, de *rencontrer un homme*.

Quelque réservé, quelque discret, quelque humble que puisse être l'écrivain qui travaille à la composition de son livre, nous ne devons pas oublier, et lui-même, il ne saurait perdre de vue qu'il travaille en définitif pour le public; que le premier venu est appelé à prendre connaissance de ces pages; qu'il faut donc, vis-à-vis de ce lecteur anonyme, conserver toujours, comme les convenances l'exigent, l'attitude de l'homme qui laisserait sa fenêtre ouverte sur une promenade publique. Il en résulte, sinon la nécessité de poser pour l'effet, au moins l'obligation de ne point s'abandonner plus qu'il ne convient lorsqu'on se sent vu et regardé.

Au contraire, les lettres véritables, celles qui sont en effet écrites pour une personne qu'on respecte et qu'on aime, présentent cette circonstance touchante, qu'au lieu de communiquer aux autres ses impressions et ses pensées, de façon à exercer sur eux une sorte d'empire et de domination, celui qui s'adresse ainsi à un ami dans les circonstances critiques de sa vie, dans les douleurs qu'il éprouve et les angoisses qu'il traverse, parle au contraire pour qu'on lui réponde, pour entendre la voix qui lui apportera l'espoir et la consolation. C'est en vain que l'espace nous sépare de cette âme qui nous est chère, en vain qu'une armée de plusieurs centaines de mille hommes, s'interpose entre la France et cet exilé intérieur, au moment même où il trace ces lignes, au moment où il se laisse aller à l'émotion de ses sentiments ou à l'essor de ses pensées, il entend véritablement dans ce cœur lointain l'écho de sa propre âme. Entre chacune de ses lignes, il lit la réponse qui lui est faite. Ce n'est plus le monologue orgueilleux, solitaire, égoïste de l'écrivain de profession qui prononce son discours les yeux fermés, sans savoir dans quelles oreil-

PRÉFACE

les ce discours pourra tomber, c'est un dialogue véritable entre deux personnes réelles ; c'est mieux encore, c'est un de ces épanchements sans arrière-pensée où l'on ne retient aucune effusion, où l'on ne recule devant aucun aveu, où l'on réfléchit tout haut, sachant que rien de ce qu'on pourra dire ne sera pris à contre-temps ni en mauvaise part.

Il résulte de ce genre tout particulier de littérature, que nous, lecteurs du lendemain, introduits subitement par la publication de l'ouvrage dans l'intimité de ce tête-à-tête, nous ne pouvons plus demander à cet auteur malgré lui, ce que nous sommes parfaitement en droit d'exiger d'un écrivain véritable.

Nous ne saurions lui reprocher, à aucun titre, l'oubli qu'il fait de notre personne et de notre présence, non plus que le peu de compte qu'il peut tenir de nos impressions et de nos jugements. Comme il n'a point songé à nous, nous ne saurions le prendre à partie pour rien de ce que nous lui entendons dire. Nous ressemblons

a.

tout à fait au voyageur que les hasards du voisinage mettraient en demeure d'entendre une conversation voisine, à travers les parois trop minces de la cloison. Nous sommes libres, dans la mesure de notre délicatesse ou de notre intérêt, d'y prêter ou d'y refuser notre attention, mais nous ne saurions nous formaliser du décousu ou de l'irrégularité de l'entretien.

Ce qui peut manquer ici au point de vue de l'art et de ses règles se trouve amplement compensé par la vivacité des impressions, la sincérité, la fermeté, la liberté complète des jugements. Au reste, je dois avertir ici le lecteur, et lui faire connaître plus en détail ce qu'il trouvera et ce qu'il ne trouvera pas dans les pages qui vont suivre.

II

Un homme de beaucoup d'esprit, peu ami des recherches critiques et des informations pédantesques, me disait ces jours derniers, avec une rare finesse : « L'histoire ne commence à devenir intéressante que lorsqu'elle cesse d'être elle-même, pour devenir de la morale ou de la philosophie. »

Je n'oserais peut-être pas prendre pour mon compte, dans toute sa portée, ce jugement un peu vif, ni prononcer sur les sciences historiques un arrêt aussi rigoureux. Il faut bien cependant reconnaître, quelqu'ami que l'on puisse être des documents et des chartes, que cette pensée ne manque pas de profondeur.

Il y a dans l'histoire, quelle qu'elle soit, romaine ou grecque, ancienne ou contemporaine, deux éléments bien divers qui répondent dans les esprits à des préoccupations distinctes et correspondantes au rang que chacun peut tenir dans la hiérarchie des intelligences. Il y a le récit du fait, puis le jugement qu'on en porte ou l'impression qu'on en ressent.

Il faut assurément, afin que la postérité soit informée, qu'il y ait des gens pour recueillir dans toute l'exactitude de leurs circonstances les événements qui ont pu se passer, de la même façon que, pour élever des palais, il faut des manœuvres qui aient extrait, équarri et préparé les matériaux.

Les esprits grossiers se laissent prendre à cette surface et s'arrêtent volontiers à ce genre d'intérêt. Il leur plaît, avant tout, qu'on leur raconte les affaires par le gros et par le menu, et que, non content de les leur faire connaître dans l'essentiel, on leur en découvre, s'il était possible, jusqu'aux plus secrets ressorts et jusqu'aux plus misérables ficelles. Ceux-là portent, dans ce qu'ils prennent pour un instinct historique, cet esprit de commérages et de cancans dont la vie des particuliers se trouve elle-même troublée ; ils regardent l'envers de la tapisserie, et parce qu'ils peuvent montrer du doigt le point où viennent se rattacher les extrémités des fils de laine ou de soie, ils s'imaginent de bonne foi avoir saisi les secrets de l'artiste et pénétré l'inspiration qui le guide dans le choix des nuances et l'assortiment des couleurs.

Ceux qui aiment dans l'histoire les petits faits, plus facilement saisissables que les gros aux esprits un peu bornés, n'ont pas ici de grandes satisfactions à attendre. L'auteur n'est point un de ces hommes qui passent leur temps dans la rue, à attendre, à saisir, à noter le bruit du jour ou de la veille. Non-seulement il ne fait aucun effort pour rien savoir et pour rien apprendre, mais il se dérobe volontiers et par scrupule de conscience à ces conversations oiseuses, sans utilité, mais non pas sans péril pour un prêtre de Jésus-Christ. Il n'a pas besoin, comme il arrive à un homme du monde, d'être informé par amour-propre ; pourvu qu'il n'ignore pas ce qui peut l'éclairer dans son devoir, il regarde tout le reste comme une superfluité et un excès.

Les curieux et les insatiables n'auront donc pas à recueillir ici ces petits détails qui servent de parure aux conversations et qui, dans les esprits médiocres, remplacent les idées absentes.

Toutefois, lorsqu'on sera arrivé à la fin de l'ouvrage, on ne laissera pas, malgré la profonde indifférence de l'auteur pour tout ce qui ressemble à de la curiosité, d'être étonné du nombre de faits vraiment intéressants et vraiment dignes d'être retenus qu'on aura recueillis en passant. Un homme en effet qui ne se laisse point disperser par le détail des événements, ni entraîner à grossir ses informations les plus médiocres pour les élever par orgueil à la hauteur d'un événement, ne mentionne, dans cette réserve et dans ce détachement, que les choses dont il a été véritablement frappé et saisi. Tout ce qu'un pareil

esprit a trouvé digne de remarque l'était en effet ;
il ne nous a rien dit qui ne méritât d'être reproduit par l'histoire et conservé à la postérité.

Voilà pourquoi un savant de profession, homme d'un rare mérite que je consultais sur cette publication avant de la résoudre, trouvait, me disait-il, dans ces simples lettres et dans ces feuilles de journal, tout l'intérêt des *Mémoires* invoqués par les historiens comme les sources et les autorités les plus précieuses de leurs récits.

Toutefois l'exactitude, le piquant, le détail des informations, n'est qu'un mérite de second ordre dans l'exposition des événements. C'est la matière qui attend sa loi, c'est le corps fait pour recevoir l'âme qui lui commande et la vivifie.

Qu'importe qu'on soit exactement renseigné sur une époque ou sur un peuple, qu'on puisse préciser sans erreur la moindre date de ses annales, la moindre circonstance de ses victoires ou de ses défaites, si chacun des événements qu'on rapporte défile dans notre âme sans y laisser de traces et sans comparaître devant notre jugement? L'important n'est pas la satisfaction de notre curiosité, mais la formation de notre esprit et l'élévation de notre caractère.

Il ne faudrait pas assister aux grandeurs et aux décadences des civilisations, au mouvement des peuples, à la constitution et à l'anéantissement des empires, de ce même œil morne et inintelligent avec lequel le paysan regarde se dérouler perpétuellement devant lui les phénomènes de la nature. En vain entend-il retentir la foudre, il n'en devient pas plus savant sur la théorie de l'électricité ; en vain voit-il les feuilles se former, le fruit apparaître, la fleur s'épanouir, il ne lui vient aucune explication ni aucune réflexion sur la circulation de la sève dans les plantes, sur l'anatomie ou sur la physiologie végétale ; en vain soulève-t-il, en creusant ses tranchées, des couches de terrain de l'aspect le plus divers, il ne se présente à sa pensée ni une théorie ni une hypothèse géologiques.

Qui sait si tous, tant que nous sommes, nous

PRÉFACE

de ne ressemblons point à ce paysan, et peut-être plus près qu'il ne pourrait nous plaire de l'imaginer?

Nous aussi, plongés comme nous le sommes dans la vie politique et sociale, embarqués dans les destinées d'une grande nation, faits pour ressentir les contre-coups de ses chutes comme pour goûter les ivresses de ses triomphes, nous regardons, la plupart du temps, passer les événements du dehors avec un singulier mélange d'inquiétude et de langueur, ardents à satisfaire notre curiosité, mais paresseux à exercer notre jugement, à ce point que les faits, malgré leur intérêt et malgré leur portée, malgré les causes qu'ils révèlent et les conséquences qu'ils entraînent, finissent par devenir tout à fait insignifiants. Une fois passés et accomplis, accueillis d'abord par la surprise, peu à peu émoussés par l'habitude, enfin négligés par l'indifférence et perdus par l'oubli, ils ne laissent après eux aucun enseignement, aucune leçon, aucun profit.

Voilà pourquoi peut-être, l'expérience, au sens vrai de ce mot, est si rare dans ce monde. Un homme ne saurait mesurer son expérience à la durée de son passé, et il ne suffit pas d'avoir été le témoin d'une époque pour en tirer un enseignement. Il faut encore avoir accordé à chacun des faits qui se sont succédés dans notre vie, l'attention qu'il mérite, comme aussi la juste part de blâme ou d'éloge qui lui revient.

Ce soin d'égaler nos réflexions à l'importance des événements auxquels nous pouvons assister est, à vrai dire, le moindre de tous nos soucis. Nous avons trop négligé les fortes pensées et les longs raisonnements pour exiger de nous-mêmes un pareil travail. Il faudrait, pour porter un arrêt motivé sur ces événements, une fermeté moins complaisante aux accommodements et une conscience moins éclectique, comme aussi pour saisir dans l'ordre historique, au point de vue de la destinée des individus et des nations, le rapport exact et profond des effets et des causes, une puissance et une suite de raisonnements dont nous avons perdu depuis bien longtemps l'habitude et le secret.

C'est par ce côté surtout que je recommande le *Journal d'un aumônier*. Ici aucun événement n'apparaît en vain; comme il a sa portée dans la vie, il a son explication dans la pensée.

Lorsque la science humaine veut se rendre compte de ce qu'elle voit, elle se contente ordinairement de rattacher les faits les uns aux autres, et de montrer par où ils s'entraînent réciproquement. Elle établit ainsi un ordre des causes secondes tel, qu'étant donné un des termes de cette série, nous pouvons découvrir les autres, et, à notre gré, remonter vers la première origine ou descendre aux derniers effets.

Voilà ce que la science humaine appelle une explication. Par là se trouve satisfait, dans une certaine mesure, ce besoin que nous avons de rattacher le phénomène à la loi et la conséquence à son principe.

Toutefois, n'est-il pas des âmes que cette réponse courte et incomplète ne saurait satisfaire?

N'est-ce pas ici le cas d'appliquer ce mot de Pascal : « le cœur a ses raison que la raison ne connaît point, » et si, dans notre conduite privée, les raisons de sentiment égalent ou surpassent en autorité pour une âme délicate les motifs plus sévères qui se tirent de la conscience, pourquoi ne ferait-on pas entrer, dans l'interprétation des événements sociaux, ces considérations supérieures qui se tirent non plus de l'ordre et de la justice, mais de la miséricorde et de la grâce ?

Au lieu de voir dans les événements politiques une suite de rapports abstraits, faits pour se relier entre eux par la logique du raisonnement, pourquoi ne pas lever les yeux plus haut ? Pourquoi ne pas chercher, par delà les commentaires humains, des vues plus hautes et plus tendres, celles de la Providence par rapport à chacun de nous ?

Les hommes commettent volontiers dans leurs explications historiques, le même sophisme qu'ils appliquent à la société et à la patrie. Il leur semble toujours, par un ressouvenir des doctrines et des mœurs païennes, que la nation est tout et que l'individu n'est rien ; au moins, si l'on ne va pas jusqu'à cette extrémité trop visiblement paradoxale, leur semble-t-il que la patrie est le but suprême et que le citoyen existe pour elle avant d'exister pour lui-même.

Il serait temps peut-être de revenir à une doctrine plus chrétienne en même temps que plus humaine. La patrie, la nation, le pays, ne sont pas, comme on l'enseignait à Rome, à Athènes et à Lacédémone, la fin suprême à laquelle doivent être sacrifiées la personne, la liberté, la raison ; mais la nationalité et la civilisation elle-même ne sont qu'un moyen complètement subordonné à la fin morale de l'individu. La destinée de l'homme n'est pas réglée par la Providence de Dieu, en vue d'un certain ordre abstrait ni d'un équilibre plus ou moins esthétique des peuples ; la véritable fin de la création matérielle comme de la civilisation sociale est dans l'achèvement de notre âme et l'exaltation de notre personne morale. Dieu a en vue, non point une hiérarchie des peuples ou une harmonie des pouvoirs et des classes, mais l'accomplissement intérieur du bien par la bonne volonté des âmes, l'achèvement de nos caractères et de nos esprits, et, comme il est dit dans le catéchisme, l'accomplissement de l'obligation où il nous a mis de le connaître, de le servir et de l'aimer.

La religion chrétienne donne ainsi aux événements de cette vie un tout autre aspect et une tout autre portée. Au lieu de les borner à leur horizon humain et de les renfermer dans le cercle étroit de leurs rapports terrestres, elle les retourne du côté du Ciel et leur restitue leur prix en leur rendant leur signification. Tout ce qui arrive ici-bas a sa fin dernière dans nos âmes. C'est vers elles, c'est à leur vertu, à leur sainteté, à leur bonheur éternel que tendent et aboutissent tous les changements de cette terre, depuis le simple mouvement de l'âme qui se replie spontanément sur elle-même, jusqu'aux catastrophes et aux bouleversements dont la face des choses est changée et dont les civilisations sont détruites.

Même à ne considérer ces grandes pensées qu'à un point de vue purement philosophique, il est impossible de ne pas reconnaître jusqu'à quel point elles sont conformes à la grandeur et favorables à la dignité humaine. Dès lors, rien en ce monde ne mérite d'être prisé plus haut que notre destinée immortelle; nul ne peut m'opposer quelque motif ou quelque ordre que ce soit. L'harmonie de l'univers, la destinée ordinaire des civilisations, et à plus forte raison, les arrangements politiques et sociaux, descendent à un niveau inférieur; ce ne sont là, après tout, que des moyens destinés à être jugés par notre conscience et au besoin répudiés par notre liberté.

L'homme reprend ainsi sa véritable place, au jour et à l'heure même où il ne relève plus que de Dieu seul. Le jour où il accepte ce maître souverain, il n'est plus tenu d'en reconnaître d'autre ; le jour où sa pensée se réfugie dans cette explication supérieure, le spectacle des choses humaines n'a plus pour lui de mystères ni d'étonnements. Il cesse d'expliquer ce qu'il a devant les yeux, par des causes inférieures. Il n'y voit plus le caprice des accidents, la toute-puissance de la force brutale, ou même l'ascendant d'un génie plus cultivé. La cause finale de tout ce qui se passe est dans l'individu. C'est pour y opérer une révolution intérieure, pour lui rendre son courage, sa force et son essor, que les peuples sont vaincus et les nations ébranlées.

Cette grande façon de prendre la vie emporte avec elle un autre avantage encore. Elle aide à prévenir le découragement dans les âmes. Le découragement de la volonté naît le plus souvent de l'impuissance de nos esprits. Parce que notre légèreté ou notre faiblesse n'arrivent pas à distinguer la raison profonde des choses, il nous semble que cette raison n'existe pas ; et nous nous figurons aisément que nos souffrances aussi bien que nos efforts demeurent inutiles. Au contraire, dès que le plan de Dieu nous apparaît, même dans le plus lointain horizon, dès que les âmes sont remises à leur place et rendues à leur prix, le bouleversement des mondes n'a plus rien qui nous étonne s'il peut contribuer, même de loin à nous remettre dans les voies de la justice et de la vérité.

A ce point de vue, les pages qu'on va parcourir demandent à être lues avec une attention particulière. L'homme d'État, le philosophe de profession y trouveront des vues capables d'ajouter à leurs théories, dans la mesure où la foi complète la raison. Les personnes pieuses n'auront qu'à s'abandonner. Elles prêteront volontiers leur cœur à ce langage où la profondeur de la pensée convie l'esprit au recueillement de la méditation, où l'effusion du cœur emporte l'âme à la prière.

ANTONIN RONDELET.

ENVOI

Mon bon frère Paul,

Ci-inclus une cinquantaine de pages qui sont une causerie avec vous sur notre vie journalière pendant ces terribles trois mois... Dieu, vous l'y verrez, nous a conduits comme par la main... ne nous manquant en rien...

C'est toujours nous qui n'espérons pas assez en lui et ne faisons pas assez pour lui....

Adieu,

C. R.

SIÉGE DE METZ

JOURNAL D'UN AUMONIER

PREMIÈRE PARTIE

AVANT LE SIÉGE — LA CAMPAGNE

I

Metz, jeudi 21 Juillet 1870.

Mon bon frère,

Arrivés à Dijon à six heures du matin, nous y avons dit la sainte messe à la cathédrale, puis visité la ville et déjeûné, et nous sommes repartis à neuf heures.

Nous devions arriver à Metz à onze heures du soir; mais, à partir d'Épinal, les gares étaient pleines d'hommes, de femmes de tout rang, apportant à boire aux soldats, etc. De sorte qu'arrivés à Nancy à dix heures, le train s'y est arrêté, et nous avons dû bravement camper en plein air, couchés sur un trottoir, notre sac pour oreiller, jusqu'à trois heures du matin. Enfin, à travers mille retards, nous sommes entrés à Metz à sept heures du matin.

Les Pères jésuites nous ont admirablement bien reçus : nous avons dit la sainte messe dans leur belle église, puis nous avons vu les personnes pour lesquelles nous avions des lettres, et tout semble devoir aller au gré de nos désirs.

Metz est encombré de troupes. Il y a un camp contre la ville même. Au reste, aucune nouvelle du théâtre de la guerre. Il n'y a probablement encore rien eu... On attend presque l'empereur aujourd'hui. La ville est toute pavoisée, et le quartier général est à peu de distance de Metz.

En route, les militaires ont été charmants pour nous. Comme cette guerre relève la foi dans les âmes ! L'un, tirant son scapulaire et ses médailles, nous disait : « Cela, ce sont mes armes défensives. » Un autre : « Là où est le bon Dieu, tout va bien... » C'est la parole de saint Paul. Deux sergents-fourriers empêchaient leurs camarades de jurer. « A quoi sert, disait l'un d'eux à un gros artilleur, de prendre à tout propos le nom de Dieu ? » On disait que trois généraux s'étaient confessés au curé de Saint-Avaux, là où est un camp de soixante mille hommes, et qu'ensuite ils avaient communié tout trois ensemble.

Madame B... nous a admirablement bien reçus et son fils nous a accompagnés chez plusieurs personnes. Le cadet de vingt ans arrive de Paris et veut partir. C'est singulier de voir cet entrain, et cependant les familles de ces pays-ci, à cause du voisinage de la Prusse, ont des parents dans les deux armées. Madame B... est dans ce cas.

Rien autre encore, mon bon frère. Les bruits les plus contradictoires circulent. On disait que cinquante Jésuites étaient partis pour l'armée d'ici, et il y en a pas même un. Il n'y a encore rien de bien prêt.

Adieu, mille choses à tous. Vous m'êtes aussi présents que si j'étais à Lyon... André va très-bien et vous salue de tout son cœur. J'ai rajeuni de vingt-cinq ans ; je suis fort comme un lion. Ce matin j'ai bravemement porté un sac pendant longtemps, traversant toute la ville de Metz à la grande stupéfaction des soldats. Mais nous avons, il paraît, bien fait d'adopter ce moyen, car peut-être aurons-nous à vous demander une tente etc. Ici impossible de rien trouver en ce genre, et le mieux est de ne rien demander au gouvernement.

Je clos ma lettre, car il faut sortir, et j'ai peur de ne plus pouvoir la terminer.

Je crois que Bianchi, avec son talent tout particulier, pourrait parfaitement nous fabriquer d'excellent café moka concentré qui reviendrait quatre fois moins cher que celui de deux petits flacons donnés par Madame B... Qu'il étudie la question... le sucre fermente... une petite cuiller suffit en effet pour une tasse. On pourrait, je le crois, y mettre un peu de *bonne* eau-de-vie et de sucre pour le rendre plus convenable et moins âcre. Achetez-lui un flacon essence de café de Trablit pour modèle. Nous n'avons pas encore essayé les bouillons; nous les essayerons ce soir. — On mettrait le café dans de fortes bouteilles de Bordeaux, car si nous allons en avant, ce serait une excellente chose à offrir aux soldats.

Adieu encore, mon bon frère, j'ai été très-touché de ce que vous avez fait en ces derniers jours. Espérons tout de Dieu... Comme tout est incertain, imprévu!.. De ce pas je retourne prendre le fils B... Je vous embrasse de tout mon cœur, *sursùm corda*.

II

Metz, 23 juillet 1870.

Nous ne sommes pas encore partis pour la guerre. Il paraît que l'Angleterre s'étant interposée, il y a un retard de deux jours. En tout cas, les préparatifs deviennent de plus en plus actifs. Voici l'artillerie qui passe et ébranle les murs des Jésuites... quel effrayant appareil !

Quant à nous, notre organisation est longue aussi. Nous avons acheté une petite carriole ; nous y mettons des cercles, la couvrons en toile. On pourra au besoin y placer deux ou trois blessés. — Nous allons de ce pas à six lieues de Metz chercher à acheter deux petits bidets, car il en faut aussi un pour l'aumônier officiel avec lequel je me mets. C'est un monsieur Jacques, spécialement consacré à l'œuvre des militaires à Metz, et ressemblant d'une manière remarquable à monsieur Desroziers, curé de la paroisse de Saint-Pierre à Lyon [1]. — Nous ne marcherons

---

[1] M. l'abbé Desroziers, d'abord curé de la paroisse de Saint-Pierre à Lyon, y mourut curé de la paroisse Saint-Nizier qu'il administra moins longtemps. La mémoire de cet homme vénérable est restée dans le cœur de ceux qui l'ont connu. On a écrit sur sa tombe, au cimetière de Loyasse : IL FUT L'AMI DES JEUNES GENS. Jamais parole ne fut plus vraie, et jamais éloge plus mérité. On peut dire vraiment de lui, suivant la parole de l'Écriture, qu'il les portait dans son cœur et entre ses mains de peur que leur pied ne vînt à heurter contre la pierre du scandale. Il avait le don, non pas seulement de convertir les âmes et de les ramener, mais de prévenir en elles les défaillances et de les maintenir dans leur force.

(*Note de l'éditeur.*)

pas ensemble, car ce serait s'exposer à n'avoir pas assez à faire. Nous nous chargerons chacun d'une des brigades de la même division. — C'est un véritable établissement de Robinson. Hier une marchande nous a donné deux belles peaux de mouton. Nous nous procurons deux petits tonneaux de huit à dix litres chacun, hache, pelle, pioche, fourche, marmite, tente, etc., c'est tout un établissement.

Si vous le pouvez, envoyez de suite au collége des Jésuites les liqueurs que vous fabriquez si bien : sanatura mentlika, élixir de la Chartreuse, le plus possible, essence de café, liebig, bouillon. Nous avons un soir fait la cuisine jusqu'à dix heures, pour éprouver ces diverses substances. Le liebig est très-bon.

Un officier d'artillerie prétendait, non sans raison peut-être, que l'essence de café avait un fort goût de caramel brûlé. Ce ne serait pas impossible, ce qui lui enlèverait singulièrement de son mérite.

Bianchi devrait donc poursuivre ses essais, en se procurant, au besoin, une petite presse pour extraire tout le bon café, mais il faudrait bien laisser déposer avant de mettre en bouteille.

Nous remplacerons le rhum par d'excellent kirsch ; c'est la liqueur du pays, elle coûte peu. Envoyez-moi aussi du tapioka, certains légumes en paquets, dont on m'a parlé, je ne sais ce que c'est. Puis charpie, bandes, compresses. Joignez encore à ce premier envoi qui probablement nous parviendra encore ici, une paire de bas noirs, quelques petites photographies de la Cité de l'Enfant-Jésus [1], cela sert de carte d'intro-

---

[1] La *Cité de l'Enfant-Jésus*, dont il sera question plusieurs fois dans la suite de ces pages, est située à Lyon, aux Brotteaux, à deux pas du monument expiatoire élevé à la mémoire des victimes de la Terreur.

Cet établissement, si cher à l'aumônier dont nous publions ici les *Souvenirs*, comprend deux œuvres distinctes, réunies autour d'une belle église, très-fréquentée par les habitants du quartier : 1° une série de logements destinés à des vieillards ou à des familles qui y sont reçus gratis ; ce secours du logement leur permet de se suffire ; — 2° des écoles où l'on essaie sur un petit nombre d'enfants du peuple un système d'instruction primaire supérieur à celui qui se pratique aujourd'hui. On s'efforce de leur ouvrir l intelligence, et de leur donner plutôt l'habitude de penser que l'apparence de savoir. Les encouragements écrits et publics que cette dernière œuvre a reçus de Mgr

duction, quelques notices pour un président de Saint-Vincent de Paul qui a été frappé de l'idée, etc., etc.; mais il faudrait trouver le moyen d'envoyer la caisse *sous le couvert de l'armée*, sans cela rien n'arrivera; tout est laissé en retard. Au moyen du comité, cela doit être facile.

Je ne vous parle pas des dépenses assez considérables que je fais ; je m'arrangerai pour cela avec M. D... directement, afin de ne pas vous en donner l'ennui.

Nous plaçons une croix au-dessus de notre voiture et au pied du Christ une petite *mater admirabilis* en bronze que vient de me donner Madame B..., qui a été très-aimable. Avec cela, on ne craint rien, pas même les mitrailleuses qui viennent d'arriver, au nombre de douze.

— Si vous voyiez quelle immensité que celle

Mermillod, évêque de Genève, suffit pour la recommander au zèle des chrétiens en même temps qu'à l'attention de toute personne sérieuse. On peut trouver là-dessus les renseignements les plus clairs et les plus complets dans l'ouvrage intitulé : *Méthode d'enseignement raisonné*, par M. l'abbé Camille Rambaud. 1 vol. in-8. Lyon, P. N. Josserand, libraire-éditeur. 1869.   (*Note de l'éditeur.*)

d'un camp... Quel gâchis d'hommes, de bêtes, de paille, d'armes!.. Mais tout le monde est joyeux.

Hier, un des principaux généraux, le général Douai, est mort subitement en chemin de fer. Un major s'est coupé la gorge ; mais cela ne frappe plus : il va tant en mourir.

Adieu, mon bon frère, je vous écris à la hâte, car il faut partir pour aller acheter nos chevaux, ou bidets, plutôt. Si un boulet de canon ne l'emporte pas, je vous promets sur l'honneur de vous ramener le mien, et nous le conserverons jusqu'à la fin de ses jours... Idem de la voiture ou carriole.

Adieu. André va bien. Je n'ai pas le temps d'écrire à nos bonnes Sœurs ; faites-leur lire cette lettre.

Si vous le pouvez, envoyez *de suite* une caisse — sans cela nous ne la recevrions pas. — Je viens de recevoir les guêtres, sacs, croix, qui vont bien ; mais, encore aucune lettre...

Ayons bon courage. Soyons les dignes fils des saints et des martyrs, qui allaient à la mort en chantant...

Tenez, en même temps que l'artillerie, les lourds transports passent... Voici qu'on entend de merveilleux accords dans l'église des Pères. Ils chantent, je crois, le *Te Deum*... Pourquoi ?
— Salut, salut de tout cœur... A bientôt.

III

Lundi, 25 juillet 1870.

A cette heure, je suis encore sans nouvelles de vous ; mais je ne m'en plains pas ; j'en conclus que tout va à peu près.

Hier, j'ai passé plus de deux heures au camp avec votre jeune cousin, Monsieur du B... Il est *charmant ;* il devait venir me voir ce matin chez les Pères, mais il est parti pour la frontière.

Le moment s'avance ; on dit que l'empereur arrive ce soir ; mais voici deux fois qu'on attend en vain. En tous cas, nous sommes à peine prêts... C'est toute une organisation de Robinson.

Pour le coup, samedi, vous auriez ri de nous voir rentrer à Metz en carriole, traînant après nous deux chevaux que nous venions d'acheter. Nous ressemblions tellement à des maquignons, qu'on nous a demandé si nous voulions les vendre. Vous aurez un magnifique petit bidet alezan, ayant coûté 175 fr., y compris des harnais tout neufs. André a déjà essayé de le monter. Je crois qu'il nous servira assez bien. La carriole, toute garnie, avec mécanique, toile cirée, va coûter 170 fr., la tente, 40 à 50 fr. Puis deux tonneaux de dix litres chacun : l'un de kirsch-wasser, l'autre d'eau.

Au reste, nous sommes admirablement reçus partout ; on nous fait de petits cadeaux : peaux de moutons, outils, moulins à café... Quelle vie singulière !... Nous venons de nous faire une bonne petite soupe de semoule, avec du liebig. En envoyez-vous ?...

Je reçois à l'instant, et seulement aujourd'hui lundi, à cinq heures, une bonne, très-bonne lettre, et j'y suis très-sensible ; je vous remercie du ton de bon courage qui y règne. Mes lettres précédentes ont déjà répondu à une partie de ce que vous me demandez. Notre équipement s'avance. Deux femmes travaillent à force à notre tente. C'était indispensable... On pourra y dire fort convenablement la messe. Ci-joint une vue perspective, le devant relevé ; il n'y en a point comme celle-là : nous l'avons inventée ou perfectionnée. Vous le voyez, je suis toujours le même homme, n'aimant que le nouveau. Au reste, grâce à ceci, elle nous coûtera 40 fr. au lieu de 100, car tout est hors de prix. En relevant le devant, beaucoup de soldats pourront assister à la messe.

Quant aux personnes de bonne volonté qui se présentent, que vous dire, mon frère ? C'est affreux. On fait pour le salut des âmes des soldats ce qu'on fait pour les décisions du pape. C'est à en pleurer... On ne peut pas tout dire. Le très-bon et vraiment saint abbé Jacques, dont je vous ai parlé, est désolé. On a éprouvé ici mille oppositions, même pour aller confesser les soldats au camp. On a dit à Paris qu'on ferait reconduire par la gendarmerie les prêtres qui viendraient à l'armée sans une commission du ministre de la guerre... C'est à n'en pas croire ses oreilles. Mais nous ne nous arrêtons pas pour si peu : nous verrons ce qu'on dira devant la mitraille et si l'on nous empêchera de relever les blessés !...

Au reste, il est déjà passé énormément de troupes, et on n'a pas encore aperçu l'ombre d'un aumônier parisien. En tous cas, je vous le répète, dès que j'aurai un mot de Paris, je vous écrirai, et je serais bien heureux de pouvoir faciliter quelques bons prêtres, car il y aura un travail immense et affreux ; mais il faut toute une organisation.

Nous l'avons presque : tout ce que nous avons emporté nous est très-utile ; mais, comme je vous l'ai dit, tâchez de nous expédier sous le *couvert de l'armée* ; au besoin, les Pères jésuites feraient suivre, si on le peut.

Adieu mille et mille fois ; je suis très-bien portant, très-heureux même ; la pensée continuelle d'un danger prochain tient l'âme éveillée et près de Dieu.

Je ferai tout ce que je pourrai pour voir tous les jeunes soldats dont vous me parlez, mais c'est un hasard, car tout part ou est parti.

On dit qu'une dépêche vient à l'instant d'annoncer que l'empereur a quitté Paris. On bâtit en dehors de Metz des baraquements pour les blessés, afin d'éviter l'infection. On vient de commander au charron qui arrange notre équipage trois cents civières pour blessés. Avant deux jours ce sera peut-être commencé.

Rien autre, mon bon frère. Mille remerciements à tous, à tous nos vieillards, à tous ceux qui s'intéressent à ma pauvre personne. André va très-bien ; il vient d'aller faire une promenade sur notre petit cheval. Il n'a que quatre ans ; s'il n'est pas tué, vous pourrez en jouir longtemps.

Je vous embrasse très-affectueusement, et bon espoir ; mais bon espoir surtout d'arriver à temps aux pieds de Jésus-Christ notre bon Seigneur.

P. S. — Si le transport de ce que vous pensez envoyer devait coûter cher, il est bien clair que nous ferions mieux d'acheter ici ; car Metz est bien pourvu de toutes ces petites choses.

IV

Paris, 28 juillet 1870.

Venu à la hâte à Paris sur une lettre de R... que j'avais prié de voir ce qu'il pourrait faire au sujet des difficultés qu'éprouvent les prêtres et religieux qui veulent aller à l'armée, je vous écris seulement un mot pour que vous ne soyez pas en peine, car il n'y a encore rien de nouveau.

Tout le monde est en organisation, mais rien n'est terminé : J'ai vu l'*Univers*, Mgr de Ségur, la *Société pour les Blessés* ... peu à peu tout s'éclaircit et on pourra faire quelque chose.

Je retourne de suite à Metz et je serais surtout très-content de pouvoir faire ce que m'a beaucoup conseillé Ch. Ozanam, c'est-à-dire me mettre avec un autre prêtre ; à deux on est cent fois plus fort.

Au reste, l'empereur vient seulement de partir... On se demande ce que va donc être cette guerre, puisqu'après avoir levé cent quarante mille hommes, on va encore appeler encore une conscription entière au commencement d'août.

On s'inquiète ici... les mobiles sont peu contents de partir. Qu'est-ce que Dieu nous réserve ?

Adieu, mon bon frère, comptez sur toute ma prudence, je n'ai nullement l'intention de rester indéfiniment éloigné. — J'espère trouver à Metz une lettre me disant ce qu'a fait l'abbé S... dont vous m'annonciez l'arrivée, car je ne l'ai pas vu et quoique présent ici, je ne puis vraiment donner aucun renseignement certain. On le sent, en parlant aux gens, tout le monde est en l'air, incertain, préoccupé, ne sachant que faire, mais au moment de l'action tout s'éclaircira.

Mille choses à tout le monde ; adieu. De Metz, je vous donnerai des nouvelles plus positives.

V

Metz, 30 juillet 1870.

Je trouve à mon retour de Paris de nombreuses lettres et votre immense caisse toute pleine de très-précieuses provisions. Peu à peu les choses s'éclaircissent, et demain soir peut-être nous pourrons enfin nous mettre en route pour aller à vingt-cinq kilomètres de Metz, rejoindre la seconde division du troisième corps. C'est celle à laquelle vient d'être nommé l'abbé Jacques dont je vous ai parlé, et nous nous joignons à lui, probablement même avec le P. Régis de Lyon et le P. Ubald des capucins de Paris qui viennent d'arriver. Nous pourrons ainsi agir réellement, car, selon que me l'a bien dit M. le docteur Charles Ozanam, à Paris, seul, on ne peut rien faire. Il faut être au moins trois, et même davantage... Cela doit vous tranquilliser beaucoup, car il est certain que seuls, nous aurions pu nous trouver dans de singulières positions et même être paralysés. Après bien des courses et des démarches, je crois que nous arrivons enfin à ce qu'on pouvait rêver de mieux.

Vous me recommandez une foule de militaires que je ne sais où trouver... l'armée est semée partout. En tous cas, je prend leurs noms avec soin sur mon carnet, et je serais enchanté de les rencontrer.

Il s'organise ici et à Paris même un comité de la société de Saint-Vincent de Paul ; c'est sous ce patronage, je le crois, que nous marcherons.

Ce matin, nous sommes allés voir Mgr l'évêque de Metz qui arrive de Rome. Il nous a très-bien reçus, nous a donné de sa main tous les pouvoirs possibles. Ce soir ou demain, nous aurons l'autorisation du ministre de la guerre ou du grand prévôt de l'armée, si le ministre ne revient pas, car il est parti ce matin pour Boulay avec l'empereur, à ce qu'on dit... mais rien n'est commencé... quoique hier, je sois parti à la hâte de Paris sur la nouvelle qu'il s'était livré dans le duché de Bade une grande bataille, où le succès avait été très-douteux... mais c'était complètement faux.

Monsieur R..., toujours tout dévoué, m'offre de l'argent, mais je lui réponds que j'aime mieux qu'il le réserve pour vous. D'après ce que j'ai vu et les renseignements que j'ai eus à Paris, je crois que les catholiques feraient bien mieux d'envoyer leurs aumônes au comité de Saint-Vincent de Paul de Metz, par exemple, ou à des aumôniers particuliers, que de les engloutir dans la grande souscription ou dans la *Société de secours aux blessés*... car là l'on s'occupe peu de religion, c'est pour tous les cultes... et il y a déjà eu des choses singulières.

Je crois que notre petit établissement ne marchera pas mal. André vient de faire vingt-six kilomètres au moins avec notre petit cheval. — Tant qu'on n'aura pas encore commencé, on ne saura pas trop ce qu'on peut. Je vous assure que depuis dix jours que je suis ici, je n'ai pas mal couru, sans parler du rapide voyage à Paris où, entre autres, j'ai vu Mgr de

Ségur qui s'occupe, lui aussi, de donner un but catholique aux aumônes.

Mon cousin le commandant d'artillerie que j'ai pu voir m'a bien encouragé, me promettant qu'il y aurait de l'ouvrage.

Je crois que c'est vous qui avez acheté et remis tout ce que contient la caisse. Est-ce qu'il n'y a personne qui s'occupe de cela à Lyon ?

Ma lettre vous arrivera lundi ; alors peut-être serons-nous en route, mais en bonne compagnie.

Saint François qui ne craignit pas d'aller dans le camp des soudans d'Égypte nous protégera, nous aidera.

Adieu, mon bon frère ; faites part de ma lettre aux Sœurs, car je n'ai pas le temps de leur écrire un mot.

Mille choses à tout le monde. Le café de Bianchi est excellent, seulement, je crois qu'il reviendrait cher ; il en faut deux petites cuillers au lieu d'une. Votre excellente liqueur va faire des merveilles.

Je vous embrasse de tout mon cœur.

Je vous écrirai encore avant de me mettre en route. Au reste, la garde impériale est encore tout entière ici, et on ne commencera rien de sérieux sans qu'elle soit au moins à portée de l'action.

VI

Dimanche, 31 juillet 1870. Fort de
Saint-Ignon, Metz.

Je ne veux pas passer la fête de votre grand ami saint Ignace sans causer avec vous.

Nous avons encore pu la célébrer ici, chez les Pères, avec la magnificence que vous savez. Ils m'ont fait la gracieuseté de m'inviter à leur dîner et ont voulu faire servir magnifiquement André dans sa chambre, car il ne pouvait évidemment venir au réfectoire des Pères. Les vêpres étaient splendides. Beaucoup d'élèves sont déjà partis ; les autres partent demain sans distribution de prix ; les esprits sont ailleurs.

Cependant, rien n'est encore commencé.

L'empereur assistait ce matin paisiblement à la messe de huit heures, à la cathédrale, avec son fils et sans appareil. Il y est venu à pied, de la préfecture qui est assez éloignée.

Nous pensions partir ce soir ; mais c'est encore non. Les deux armées s'observent et ne se disent rien... Il faut tant de choses pour assurer le succès.

De beaux officiers et soldats de la garde ont fréquenté ce matin l'église des Pères... La guerre a déjà tiré bien des prières sincères d'âmes qui ne pensaient guère à Dieu.

Lundi 1er août, rien de nouveau encore. Les deux bons Pères capucins ne savent pas non plus ce qu'ils pourront faire. L'autorité ne tient compte de rien. En vain les évêques ont réclamé, l'aumônerie officielle est inébranlable. A certains moments, je me demande, mon bon frère, si je ne vais pas tout simplement vous revenir, un de ces jours, sans avoir entendu un coup de canon ni vu l'ombre d'un blessé. Malgré les démarches très-actives d'hommes haut placés ici, on vient se heurter partout contre des obstacles infranchissables. Évidemment, et malgré tout le zèle possible, on ne peut suivre une armée malgré le chef. On se trouverait relégué au milieu des cantiniers, marchands, soldats perdus et mauvaises personnes qui suivent à une ou deux lieues de distance.

Enfin, je ne sais encore rien. En tous cas, je vous le promets, je ne m'entêterai pas plus qu'il ne convient, et quoique déçu un peu sans doute, je vous reviendrai tout simplement, joyeux de vous revoir, vous et les nôtres.

Qui aurait cru qu'il était si difficile de se faire admettre au soin des blessés, lorsque tant de pauvres garçons y sont mis malgré eux. J'ai écrit à M. R..., vicaire général, pour le renseigner sur moi d'abord, et ensuite afin qu'il sache que répondre aux prêtres qui demanderont à venir.

Adieu de tout mon cœur.

VII

Metz, 2 août 1870.

Je vous écris encore aujourd'hui quoique je n'aie rien de positif à vous dire ; mais c'est surtout afin que vous ne m'envoyiez plus rien jusqu'à nouvel ordre — Toujours le même esprit de tout centraliser à Paris... Que vous dire ? Rien de singulier comme ce qui se passe — M. de P... est même parti pour Paris, hier soir par l'express, afin d'essayer de lever les difficultés. Ce bon vieillard de soixante douze ans ne recule devant rien, il paraît avoir vingt-cinq ans, comme je le lui disais dimanche.

Les Pères me disaient qu'en acceptant pour aumônier un des leurs, le P. de Damas, on avait bien stipulé qu'on l'acceptait comme abbé Damas, mais non comme religieux... L'impératrice elle-même convenait qu'elle n'oserait pas proposer à l'aumônier impérial un religieux, c'est tout dire. Quel mystère que ces luttes devant la mort, devant des sacrifices incroyables ; car il suffit déjà de voir un camp pour se rendre compte de ce que devra être la vie d'un prêtre qui voudra un tant soit peu servir les soldats blessés, et ne pas rester autour des tentes de l'état-major... Qu'y faire ? Tout bien n'est pas faisable... et Jésus est lourd à porter, comme m'y faisait penser hier une vieille peinture de Saint-Christophe que nous vîmes dans une ancienne Église gothique. J'attends encore le retour de M. de P..., puis le changement d'idées suivra peut-être le premier engagement meurtrier et vous me direz votre avis.

Les employés de la postes sont organisés militairement, habit vert, broderies d'argent, grand sabre et revolver au côté... Il en est de même pour les télégraphes, si vous voyiez comme tout cela est content de traîner le sabre ; c'est au reste très-adroit de la part du gouvernement.

Adieu, mon bon frère, je ne vous apprends rien de nouveau, mais au moins j'ai causé avec vous. — Je vous souhaite une bonne fête de de saint Dominique, André va bien, il court le camp avec un chasseur à cheval de la garde qu'il vient de trouver — Il voudrait envers et contre tout aller en avant pour voir les Prussiens, mais il ne s'agit pas de cela.

Bien tout à vous de tout mon cœur, et merci pour le ton de bon courage qui règne dans votre lettre.

— On vient de me dire que Rome aurait levé la difficulté quant aux pouvoirs spirituels des aumôniers libres non officiels, en décidant que les évêques de la frontière auraient le droit de donner des pouvoirs sur les territoires où entre l'armée — c'est déjà quelque chose.

VIII

4 août 1870.

Je viens de recevoir votre lettre contenant 150 fr.

Mes dernières lettres vous ont mis au courant de nos ennuis et difficultés ; aujourd'hui rien n'est encore terminé. C'est à en mourir.

Hier, j'ai envoyé une dépêche à M. Gillet, lui disant qu'il pouvait venir. J'ai oublié de lui dire de me répondre de suite s'il venait, de sorte que je suis encore à attendre, dans l'incertitude.

En tous cas, quoique la garde vienne à peu près toute entière de quitter Metz, la guerre n'est pas encore bien commencée. L'affaire de Sarrebruck est peu de chose. Le P. Régis était tout près. Or, il y a eu au plus huit cents Français d'engagés. On s'est battu trois heures. Les Prussiens étaient également peu nombreux. Ils ont été délogés de leurs positions ; la gare de Sarrebruck où ils s'étaient réfugiés a été incendiée. On a fait douze prisonniers qui viennent d'arriver à Metz ; les Français ont eu une centaine d'hommes hors de combat. On ne connaît pas la perte des Prussiens.

On dit que l'empereur et le prince impérial ont voulu tirer les deux premiers coups de canon, ou même de mitrailleuse. Rien autre à cette heure.

On s'agite toujours beaucoup pour nos projets ; les RR. PP. capucins attendent aussi l'arme au bras. Ce que vous me dites des enrôlements d'infirmiers et d'infirmières à prix d'argent est très-singulier, car une affiche de la mairie demande des infirmiers, en promettant bonne nourriture et bonne paie, et on refuse les innombrables religieux qui se sont offerts pour rien.

Quel mystère !

M. de P..., qui était allé à Paris pour nous, n'est pas encore de retour aujourd'hui. Je serai obligé de l'attendre. Je verrai aussi ce que M. G... veut et peut faire ; puis, si rien de sérieux et de convenable ne me semble possible, je vous reviendrai tout simplement.

André se ronge les poings : il voudrait courir la campagne envers et contre tout ; il lui semble qu'on va trouver des blessés dans tous les coins, derrière tous les buissons, mais ce sont des enfantillages. Si on ne peut pas suivre l'armée d'une manière quelconque, il n'y a rien à faire qu'à errer et à perdre son temps.

Les RR. PP. jésuites font de grands préparatifs pour les blessés ; on les place dans les classes et les études qui sont au rez-de-chaussée, et où les planchers sont plus élevés que dans les dortoirs.

— J'ai dit au Père recteur que nous laisserions pour eux le vin de Beaujolais que vous m'annoncez, car le donner ici aux soldats est bien inutile, ils ont généralement assez à boire, et on ne peut l'emporter en campagne.

Je suis bien content de la lettre de M. C... et des détails qu'il me donne sur la distribution des prix. J'ai aussi oublié depuis plusieurs lettres de vous remercier de votre petit portrait, nouvelle édition, que je ne connaissais pas, et je regrettais vraiment beaucoup de ne pas l'avoir emporté et placé avec celui de mon père et du pape, que j'ai seuls dans mon portefeuille.

Adieu, mon bon frère, tout est si incertain pour nous, que je n'ai plus rien à dire. Ce qui arrive est très-singulier, mais on ne peut faire ce qui est impossible ; il faut reconnaître la volonté de Dieu ; il y a des raisons cachées...

Dernières nouvelles. — On dit que les Français ne sont pas même établis à Sarrebruck, qu'ils n'ont pas franchi la rivière qui traverse la ville et la coupe en deux... Rien autre.

André vient de voir un Prussien. Il a été tout stupéfait de voir que c'était un homme comme un autre, qui parlait. Il me fait rectifier ceci pour que je vous dise qu'il en a vu quatorze. Il est tout émerveillé de leur casque pointu en fer. Adieu encore, et qui sait si ce n'est pas à bientôt ?

Le P. Régis vient de venir nous voir ; peut-être marcherons-nous ensemble.

Il y a bien à faire, mais il faut pouvoir s'approcher des lignes... Mon Dieu ! que voulez-vous donc ? — Notre tente, dressée dans un coin des Pères jésuites, vient de ravir le P. Régis. Il vous ferait envie d'y dormir, quoique les courants d'air y soient à craindre. Hélas ! qu'en fera-t-on ?... des toiles à paillasses, des torchons, des sacs, etc. Mais, de l'avis de tout le monde, je crois bien qu'il est sage d'attendre que la guerre soit bien commencée. Peut-être viendra-t-on nous prier au lieu de nous repousser.

Allons, adieu encore, mon bon frère. Mille choses à tous nos vieillards, à tous ceux qui demandent de mes nouvelles.

IX

Metz, vendredi 6 août 1870.

Mes dernières lettres ont dû vous laisser dans de singulières incertitudes.

Bref, à moitié autorisés, nous partons demain matin avec le P. Régis, pour Bouzonville, où l'armée est massée, en face de Sarrelouis, ville prussienne fortifiée.

Nous partons un samedi, jour de la sainte Vierge ; le P. Régis est un bon religieux... Espérons donc.

J'avais envoyé une dépêche à M. G..., lui disant qu'il pouvait venir, qu'il verrait mieux ici, mais il ne m'a pas répondu. Nous comptions sur lui pour ce matin. On nous conseille fortement de ne pas attendre plus longtemps. Nous partons sans lui. Je lui laisse une lettre qui lui expliquera tout ; il viendra nous rejoindre. Au reste, nous ne pouvons savoir encore ce que nous ferons.

Quel spectacle qu'une armée, quand on pense que plus de douze cent mille hommes sont en présence, prêts à se massacrer... Quel mystère!... Et je crois que c'est une sottise de penser que les Prussiens sont bien moins armés que nous; c'est impossible... Ce serait leur supposer une imbécilité bien grande. On a donc tout à redouter.

A Sarrebruck, il y a déjà eu bien du mal pour peu de chose; il est donc impossible que le bon Dieu ne donne pas à tant de prêtres et de religieux de bonne volonté les moyens de soulager tant de misères.

Adieu... Et le tout à la garde de notre bon ange, des saints... Nous ne pouvons que ce que Dieu veut. — Quand nous aurons fait tout notre possible, nous aurons tout fait.

X

Mardi, 9 août 1870.

Il faut bien que je vienne enfin vous raconter comment nous nous trouvons à ce jour, mardi soir 9 août, vous écrivant assis par terre à l'ombre de notre voiture, à côté de l'ambulance volante, au centre des préparatifs d'une immense bataille... car, depuis ce matin, nous attendons les Prussiens qu'on dit à quelques kilomètres de nous seulement.

Vendredi dernier, nous prîmes donc avec le P. Régis, la détermination de nous rapprocher du centre des opérations... Le samedi, nous disions la messe à trois heures du matin chez les PP. jésuites. Le Père étant venu la veille au soir camper dans notre chambre, puis ayant chargé notre voiture, nous voici en route : mais j'avais oublié d'acheter une carte du pays, André en a envie ; me voici donc courant la ville, sans trouver ouverte aucune boutique. En revenant, j'en trouve cependant une ; je rejoins mon monde à deux kilomètres de Metz... et à notre grande surprise, à six kilomètres, nous trouvons une fort belle petite chapelle, dédiée à Notre-Dame de la Salette et plantée seule au milieu des champs. Nous allons y prier avec le regret de n'être pas venus y dire la messe.

Vers onze heures, nous arrivons à une auberge près du village d'Estroff. — Bataille avait faim ; il avait déjà fait vingt-six kilomètres, nous aussi. Nous voici donc, hommes et bête, prenant notre réfection... puis nous allons visiter l'église et trouver un très-bon curé, qui est désolé de ce que nous ne sommes pas allés lui demander à dîner.

Il est bon de noter que les Capucins sont complètement inconnus dans ce pays, de sorte que les gens couraient pour voir le P. Régis. Nous remontons en voiture, arrivons enfin à Bouzonville, but de notre voyage.

Nous espérions y trouver une nombreuse division... mais elle était partie, les feux du camp fumaient encore, mais pas l'ombre d'un soldat... immense déception !.. Que faire ? On ne pouvait pas même nous indiquer leur direction... et un jeune Dominicain nous raconte que, pendant la nuit, il a dû se sauver devant les Prussiens qui avaient envahi l'église où il prêchait pour l'adoration perpétuelle... etc. Nous délibérons et nous décidons de filer sur Boulay, petite ville à quatorze kilomètres de là. — Bataille se remet bravement en route ; en effet, nous trouvons Boulay tout entouré d'un camp nombreux...

Nous entrons dans la ville, mais où aller loger, tout est occupé... Notre bon ange nous conduit chez les Frères, où nous trouvons un Frère directeur, d'une charité, d'une activité incroyables, nous passons le dimanche à Boulay, allons distribuer des livres et médailles aux soldats... en confessons un certain nombre le soir dans l'église... mais ce n'était pas là notre but... surtout le mien. Impossible de courir ainsi après une armée. Je commençais à désespérer.

Le lundi matin, après la messe, le bruit se répand que les troupes ont complètement évacué la ville pendant la nuit... que les Prussiens approchent. Panique universelle, les habitants déménagent... Nous délibérons gravement; le P. Régis veut retourner à Metz. — Nous irons donc l'accompagner jusqu'à douze ou quinze kilomètres, puis nous retournerons à Estroff attendre dans ce petit village les événements, — mais l'homme propose et Dieu dispose.

Arrivés à douze kilomètres de Metz, aux Étangs que nous trouvons occupé par toute une division, le P. Régis avise un voiturier allant à Metz ; il lui demande de l'y conduire, il nous quitte donc... mais notre voiture, arrêtée au milieu du village, attire l'attention des soldats...

« Monsieur le curé, auriez-vous une médaille. » dit l'un... Oh oui, et me voici en distribuant à des multitudes qui arrivent. Je leur distribue des livres, c'est encore mieux, cela m'encourage ; une idée me vient, je demande si le général de la division est près de là... En face, au château, chez une vieille demoiselle... Je prends mon courage, je dis un petit mot à saint Joseph. Le général était à déjeuner... on me fait entrer... Je lui dis qui je suis, mes projets... « Mais rien de mieux, Monsieur l'abbé, je serai très-heureux que vous vous attachiez à ma division, j'ai en effet remarqué votre petite voiture etc... » Restait à voir l'aumônier, cela lui irait-il que le général lui adjoignît un prêtre libre. A peine étais-je dehors, qu'un aide de camp vient m'inviter à dîner de la part du général, — cela me donne du courage pour aller voir l'aumônier... Je vais à la cure, et je trouve en lui un excellent homme qui est enchanté d'avoir un aide et un compagnon. Nous voici donc règlementairement casés... Quelques heures se passent à causer avec les soldats, mais tout à coup la pluie tombe à verse, nous nous réfugions dans notre petite voiture dont la toile ne nous garantit que bien mal; peu à peu elle se resserre et nous nous en tirons pas trop mouillés.

Mais six heures approchaient ; comment aller chez le général en une telle toilette ; je parviens à me faire la barbe et à changer de soutane dans notre voiture, et me voici en route.

Huit personnes à table, tout l'état-major, le général qui se nomme de Cissay est vraiment un homme très-bien, très-distingué ; il a été avec moi d'une politesse, d'une attention parfaites et tous ces messieurs aussi. Après dîner ; comme je disais mes grâces, le général lui-même a fait le signe de la croix.

Mais, pendant le dîner, le curé du village m'avait envoyé dire qu'il voulait que nous couchions chez lui; pas moyen de ne pas accepter, nous remisons donc notre voiture dans la cour du château, et avec André nous allons à la cure. A la porte est une forte garde de chasseurs avec des sentinelles avancées... A peine valait-il la peine de se coucher, car on devait probablement partir à deux heures du matin.

En effet, à deux heures et demie, tout le monde est debout; il a beaucoup plu; les chemins sont affreux. Nous attelons Bataille et allons prendre notre place à la suite des voitures de l'ambulance. Voici la division qui défile, n'occupant pas moins de deux ou trois kilomètres; les aides de camp passent sans cesse rapides et portant les ordres, tantôt pour s'arrêter, tantôt pour marcher et on ne met pas moins de quatre heures pour faire six kilomètres.

Puis, tout à coup, sur les neuf heures, tout le monde s'arrête; on fait placer les bagages dans les terres le long de la route, on désigne la place des ambulances, et les troupes se rangent en bataille sur les hauteurs... tout le monde s'émeut, la bataille semble imminente !

Mais le moment n'était pas venu ; les Prussiens sont encore loin, quoique la route soit déjà encombrée des habitants du pays qui fuient de toutes parts ; les femmes éplorées emmènent leurs enfants, les unes sur d'énormes voitures à deux et à quatre chevaux, d'autres à pied dans la boue.

Cependant, voici qu'à tous les points de l'horizon apparaissent de longues lignes de soldats ; ils occupent militairement le village, le fortifient, percent des meurtrières dans les murs de clôture, dans ceux du cimetière ; les batteries prennent position, les généraux circulent partout, inspectant, donnant des ordres.

Il est six heures et demie du soir et rien n'a encore eu lieu. Il s'agit de passer la nuit. Avec l'aide de deux militaires, nous dressons notre tente ; on nous donne deux bottes de paille, et nous voici installés dans notre petit palais de toile.

C'est de là que je vous écris, mon bon frère ; mais il faut souper. Il a été impossible à André de rien trouver dans le village à aucun prix.

Nous allons faire visite au curé déjà dévalisé, et j'ai emporté une bouteille de méchant vin blanc, un vieux morceau d'omelette au lard, un œuf et un morceau de lard cru. Ce sera pour demain.
— Ce soir nous confectionnerons une soupe avec du liebig et du tapioca.

Voilà où nous en sommes, mon bon frère ; le jour baisse, et la soupe est bientôt prête... Souhaitez-moi bonne nuit ; mais quel terrible réveil peut-être demain !...

XI

Mardi 10 août 1870, Fête de saint Laurent.

La nuit s'est passée tranquille : de temps en temps je croyais entendre, soit le trot des cavaliers, soit la pluie ; mais c'était le bruit des arbres agités par le vent.

Cependant, dès trois heures du matin, la route se couvre de voitures allant du côté de Metz. Je pensais que nous allions de nouveau lever le camp, les Prussiens n'osant ou ne voulant pas nous attaquer dans cette position; mais un intendant que je rencontre me dit qu'on cherche seulement à débarrasser la première ligne, en faisant filer les bagages. Je prends donc mes dispositions pour dire la sainte messe dans notre tente.

Très-ému du spectacle immense et terrible que nous avons sous les yeux, attendant d'un instant à l'autre le bruit du canon, j'offre de toute mon âme le corps et le sang de Jésus notre doux Sauveur pour la France, la France qui, malgré ses fautes, est en résumé le seul pays catholique du monde.

Monsieur l'aumônier, qui avait été malade la nuit, me sert la messe que je dis dans cette petite tente, sur une caisse...

O mon Dieu, mon Dieu! donnez-moi la force de remplir mon devoir aujourd'hui!

Il est huit heures, mon bon frère, rien encore. J'entends passer des voitures qui vont à Metz. Je termine, afin de confier ma lettre à quelqu'un qui la mettra à la poste de cette ville.

Adieu, adieu de tout mon cœur.

Quoique peu descriptif, comme vous le savez, j'ai pensé vous être agréable et vous donner une sincère preuve d'affection en vous écrivant ce détail de ma vie. — Je le continuerai autant que possible; mais n'allez pas le faire publier dans un journal, sous mon nom, ce serait un mal contre l'humilité chrétienne.

Adieu à tous.

De ce pas, je vais voir si on me permettra de visiter la ligne de bataille... Mais rien encore à craindre.

Je vous embrasse bien tendrement.

XII

11 août 1870, près Metz, à quatre kilomètres, jeudi six heures du soir.

Je reprends le récit de nos journées, car je sais que rien ne peut vous être plus agréable.

Je vous l'assure, au milieu de ces solitudes,

pendant ces nuits sans sommeil, ma pensée est vers vous, vers nos vieillards. J'aimerais à leur écrire à tous ce que je vous écris.

Hier, après avoir terminé ma lettre, je me suis avancé jusqu'à la première ligne de l'armée, rangée en bataille à deux kilomètres des ambulances.

Les tirailleurs se retranchaient dans les fermes, les jardins ; le génie construisait de véritables petites redoutes ; l'artillerie galopait à travers les champs, les trèfles, les pommes de terre, allant prendre position sur un mamelon. Rien de plus émouvant.

Puis voici un escadron de hussards revenant d'une reconnaissance et ramenant un uhlan ou lancier prussien... Grande joie... Tout fait présager une bataille ou une marche poursuivie en avant.

Cependant, encore rien.

A trois heures, tout paraissant tranquille, monsieur l'aumônier me prie de l'accompagner à Metz pour essayer d'y acheter une voiture. On attelle Bataille, et fouette cocher, lequel cocher est monsieur l'aumônier. André garde la tente et les bagages.

A Metz, nous courons sans rien trouver de bon. L'intendance nous renvoie de Caïphe à Pilate, etc., mais j'en profite pour acheter ce qui nous est indispensable : deux couvertures, un caban à capuchon pour André, riz, sucre, lard, toile à tente, assiettes, cuillers, marmites, etc., le tout à la hâte, rassurant de mon mieux les marchands qui s'effrayent de l'approche des Prussiens.

Je finissais par les faire rire, tellement je les pressais de vite me servir. En effet, nous avions peur que la division partît sans nous.

Voici Bataille de nouveau en route, et nous arrivons par une pluie battante, à sept heures et demie, nous faisons un souper de Spartiates. André se roule dans sa couverture neuve, et moi, encouragé par mon bon ange, je me mets à terminer mon office de saint Laurent. Bien m'en prend, car la pluie redouble, le vent s'élève et comme, en jeunes soldats inexpérimentés, nous n'avions pas pris la précaution d'enfoncer nos piquets, voici que le sol détrempé les laisse s'arracher, et la tente va nous tomber dessus, toute mouillée. Que faire ? ma lanterne va s'éteindre... d'une main je tiens le pilier central... le vent augmente... Je ne voudrais pas réveiller André... enfin plus moyen d'y tenir... nous sortons malgré la pluie, replantons nos piquets, et achevons la nuit tant bien que mal.

Enfin arrive le point du jour. A trois heures et demie, on vient nous prévenir qu'on part. Il pleut affreusement ; n'importe, il faut tout enlever... plier la tente, le tout dans la boue.

De nouveau, nous voici au milieu de l'artillerie, de la cavalerie. Où allons-nous ? nul ne le sait... Nous pensions aller en avant ; pas du tout nous revenons en arrière à quatre kilomètres seulement de Metz... Là, l'artillerie de la garde se met en bataille... on nous fait descendre dans un vallon, placer dans un pré, on dresse l'ambulance.

Mais il faut déjeûner, car la bataille ne semble pas devoir encore commencer... Occupons-nous d'abord de Bataille. Impossible de trouver du foin à n'importe quel prix ; il se contentera donc d'un peu de paille et d'avoine, achetée hier à Metz. Quant à nous, nous faisons un feu de soldats, et dans notre marmite neuve, une succulente soupe avec du lard, du liébig et du sel, nous mettons le pain dans la marmite, afin que la soupe soit plus chaude... Toute cette opération se fait à la pluie. J'ai déjà perdu mon manteau, il est à Boulay, au pouvoir des Prussiens ; je me couvre donc les épaules avec une peau de mouton, et me voilà habillé comme saint Jean-Baptiste, ce qui n'effarouche pas trop les soldats avec lesquels nous commençons à n'être pas mal ; je leur paie des cigares, l'élixir fait un plaisir infini à ceux qui sont fatigués.

Notre délicieux dîner mangé, je vais faire un tour dans la boue avec monsieur l'aumônier. Nous nous asseyons sur une herse abondonnée au milieu des champs, et notre conversation est sans cesse interrompue par notre sommeil mutuel. Nous tombons l'un sur l'autre... Pour me réveiller, je vais écrire à M. Aubineau de l'*Univers* lui demandant une aumône, car Bataille et la voiture ne vivront pas longtemps avec la vie que nous menons.

Le temps passe; il faut souper. Nous imaginons un potage nouveau de riz au liébig... Mais l'expérience nous manque : nous mettons trop de riz... il gonfle... les soldats y mettent de leur bouillon... excellent potage, on dirait un bouillon de poulet exquis... puis, nous nous payons une tasse de café... et peu après, les hussards nous en apportent du leur qu'il faut absolument boire. Il n'est pas trop mauvais... Au reste, on leur donne en abondance café, sucre et viande, ils souffrent seulement quelquefois de l'irrégularité des distributions, mais comment faire mieux?

Si vous saviez quel spectacle est la vallée où nous sommes?

Devant nous, les hussards avec leurs chevaux; on y crie, on y jure, on s'y dispute, les sergents ne pouvant pas punir crient et jurent quatre fois plus; puis ce sont les plaisanteries des soldats. En voici un qui réclame sa veste, et menace d'arracher la tente, s'il ne la retrouve pas Eh bien arrachons » dit un autre, et les voilà arrachant la tente de huit hommes. Il pleut à verse, cependant nul ne se fâche, et bien mieux la soupe étant prête, ils s'asseient à la pluie sur leurs selles et mangent à la gamelle leur viande etc. A droite, un énorme troupeau de bœufs ou plutôt de vaches destinées à être tuées,, car, à côté, dans un pré, est établie la boucherie, quelle boucherie! tout est et reste par terre.

Je m'arrête, car il fait nuit et vais me sécher à un magnifique feu de bivouac, nous commençons à être tout humides...

XIII

Près Metz, vendredi, fête de sainte Claire, 12 août 1870.

Il est huit heures du matin, je reprends mon récit.

Les bivouacs étaient gais hier au soir, on trouve là des soldats vraiment pieux, bons, et déjà ils sont tous bons pour nous; ils nous forcent à goûter une énorme bouillie de lait et de biscuit fondu. Quelques cigares entretiennent l'amitié; enfin, vers dix heures, craignant d'être obligés de partir la nuit, nous couchons tout simplement dans notre voiture et nous n'y dormons pas mal, sauf un peu de pluie et le bruit que font les vaches et les chevaux qui viennent jouer autour de Bataille attaché à la roue, lequel Bataille souffre la faim dans ce moment. — Ce matin, il m'a fallu tourmenter pendant une heure une brave femme, pour avoir une brassée de foin ; les chevaux des hussards n'en ont pas encore vu aujourd'hui.

Vers trois heures et demie, je me lève ; je vais voir quelques sentinelles. Je leur porte des cigares : elles sont toutes mouillées. Je prends des renseignements, on ne part pas ; nous allons donc dresser la tente pour dire la sainte messe, c'est ce que nous ferons avec joie vraiment ; mais quelle demeure pour Jésus-Christ, pire que l'étable de Béthléem, par terre, dans la boue, autour des vaches qui errent, des soldats qui jurent. Cependant j'avais dit à quelques-uns de penser que j'allais dire la sainte messe; mais on ne peut espérer encore qu'ils y viennent, ce sera plus tard.

André qui a grand souci des vivres a fait comme les soldats; il est allé trouver les vaches destinées à être tuées; c'est d'ailleurs permis, de sorte que, grâce à l'essence de café, nous déjeunons avec d'excellent café au lait, meilleur que chez Casati [1].

Pendant ce temps, on a sonné la diane; elle est allé se répétant comme un écho dans les divers camps qui nous entourent. Les feux s'allument pour le café, et un soldat ne tarde pas à venir gratter discrètement la toile de notre tente, nous apportant un vaste bidon, plein de café; pas moyen de refuser, sauf à en arroser la terre, ce que je fais; mais André le prend très-volontiers afin de faire couler le café au lait.

L'aumônier arrive; nous parlons d'aller encore à Metz, pour des achats indispensables: nos souliers sont plus qu'humides, dans notre car-

---

[1] Célèbre cafetier lyonnais. (*Note de l'Éditeur.*)

riole il pleut comme dans la rue. En attendant que monsieur l'aumônier se décide, avec une hache et une scie je fais diverses réparations très-utiles à notre équipage... On semble vouloir laisser reposer les troupes un jour; ce n'est pas trop... mais voici qu'il pleut encore.

Quatre heures du soir — Je voulais attendre demain pour vous envoyer cette lettre, mais on dit que les Prussiens approchent, accumulant des forces considérables autour de nous... Nous apprenons aujourd'hui le changement de ministère. Que de choses! Que d'orgueils humiliés! Le fait est que maintenant que je vois ce que c'est qu'une armée en campagne, je crains qu'il n'y ait pas de véritables hommes de guerre. Il faut un génie et une activité extrordinaires. — Le quartier des subsistances est une affaire énorme; des brigades sont restées plus de vingt-quatre heures sans vivres, aussi les soldats prenaient tout... Un habitant avait tué un habillé de soie et se disposait à aller le vendre à la ville; il monte à son grenier pour prendre quelque chose, quand il veut redescendre, le porc était parti, et l'on avait même pris l'échelle pour en faire le feu etc.

Mais franchement, quand il est mouillé jusqu'aux os, qu'il a bien marché et rien mangé depuis vingt-quatre heures, le soldat se croit le droit de prendre ce qu'il trouve. — Au reste tous sont pleins de gaieté.

Adieu mon bon frère, ne vous inquiétez pas trop; nous serons prudents, mon aumônier a peu d'activité, et ma position est encore trop précaire pour que j'ose beaucoup plus que lui, car je sais que l'aumônier en chef est ému de ma dangereuse présence.

XIV

*Sur les hauteurs de Metz, samedi
13 août 1870*

Hier, peu après avoir terminé ma dernière lettre, les Prussiens étaient signalés à l'horizon, on battait la générale; nous courions sur les hauteurs ; un groupe de généraux galopait sur un mamelon, envoyait des aides de camp. Mais tout à coup ce mouvement s'est apaisé; c'était seulement une reconnaissance.

La soirée a été tranquille ; le temps se met au beau ; les soldats lavent leur linge et imaginent le plus singulier baquet d'eau qu'on puisse voir : c'est une bâche de toile imperméable étendue sur la terre ; au milieu, dessous, ils ont enlevé la terre, de sorte qu'il y a un trou, et ils y lavent autour.

Nous craignons cependant pour la nuit. Vers neuf heures, on voit défiler deux à deux, dans la boue jusqu'à la cheville, tout un régiment. Je vais porter des cigares à quelques sentinelles. Je récite mon chapelet et vais enfin me coucher, tant bien que mal, à côté d'André qui dort de son mieux.

Vers deux heures du matin, je crois entendre du mouvement ; je me réveille, et fatigué par la forte odeur que commence à répandre le fumier du camp, je me lève, vais voir les sentinelles et récite mon rosaire pour me préparer à ma messe, que je dis à quatre heures, car je crains qu'on ne parte. En effet, à peine avons-nous déjeûné qu'on donne l'ordre de changer le campement ; ce pré boueux est malsain ; nous levons rapidement notre tente, Bataille est attelé, et en route. Mais j'oubliais de vous dire que le barbier des hussards avait eu l'honneur de me faire la barbe, ce qui n'avait pas été fait depuis lundi. Un soldat courut après moi pour m'offrir cela ; je ne pouvais refuser, et il s'en tira très-bien.

Nous grimpons environ un kilomètre, et voici l'ambulance placée sur un plateau élevé, d'où nous apercevons toute l'armée.

C'est un grandiose spectacle ; mais rien autour de nous, ni eau, ni bois ; le village qui se trouve derrière nous est entièrement dévalisé et même désert.

J'imagine donc de demander aux soldats de partager leur dîner, et ils nous donnent pour nous deux une vaste assiette de pommes de terre volées je ne sais où ; je leur donne en échange une bouteille de vin, et nous allons manger notre ration dans notre équipage. Ce sera encore le moyen le plus simple pour vivre.

Quant à Bataille, il partage le sort de ses confrères de l'armée : absence complète de foin. Si cela dure, je ne sais comment feront les chevaux, à moins qu'ils ne finissent par se contenter de quelques kilos d'avoine.

Ah! on n'était pas prêt pour cette guerre; on ne peut marcher en avant, car, pour cela, il faudrait des vivres assurés. Dieu, qui doit nous aimer plus que bien d'autres, aimera peut-être à faire voir que c'est à lui qu'on devra la victoire, et non à nos puissantes machines.

A onze heures, le canon retentit; on distingue la fusillade : nouvelle alerte. On lève subitement la tente; bien des soupes sont laissées. Mais tout ce bruit se calme encore.

Le soir, le même manége recommence. Enfin la nuit vient, et nous allons causer au bivouac du vingtième bataillon des tirailleurs, où se trouvent quelques Lyonnais.

Cependant, l'heure de se retirer arrive, et l'aumônier, toujours fatigué, me prie d'aller passer la nuit avec lui dans une maison d'école isolée que lui a ouverte le maire.

Après neuf jours d'habitation en plein air, je me trouve si bien dans la salle de l'école, que je ne puis résister au plaisir de m'asseoir dans la chaire du grave magister qui a fui, et d'y écrire deux lettres. Le droit d'occupation semble me permettre d'emporter du papier et un écritoire.

Enfin, me voici roulé à terre, dans une couverture, lorsque, à une heure et demie du matin, on frappe violemment à ma fenêtre. De nouveau il faut partir. C'était peu pressé cependant, car on nous tient jusqu'à neuf heures sur pied, par une matinée très-froide.

Le général a contremandé la messe militaire que l'aumônier devait dire ; nous la dirons cependant pour nous dans l'église de Méy ; un général de brigade y assiste avec ses officiers, et à peine ai-je terminé la mienne, qu'il arrive un colonel d'artillerie désolé d'être en retard.

Mais le convoi était parti. Je cours après, et je ne sais pourquoi je ne puis l'attraper. Me voici courant les routes jusqu'à trois lieues, au milieu d'une véritable avalanche d'hommes, de chevaux, de voitures qui se ruent sur la route de

Pont-à-Mousson. On semble faire changer le front de toute la ligne de bataille. Inquiet sur cette grande route, n'ayant presque rien pris à trois heures, je demande humblement l'aumône d'un peu de pain et de vin à de bonnes personnes que je vois sur leur porte. On me donne gracieusement tout un petit dîner, et ce n'est pas de trop.

Cependant, le canon tonne sur les hauteurs que nous avions quittées le matin. Ma division serait-elle retournée en arrière? Après quelques hésitations, je suis le principe de la guerre : qu'il faut toujours marcher du côté où l'on entend le canon.

Je me mets donc en route, et me voici remontant le courant d'hommes qui couvre la route et les rues de Metz ; je commence à rencontrer des mulets et des voitures chargés de blessés. Continuant ma route, malgré la nuit noire, j'arrive enfin sur le champ de bataille.

Le canon s'est tû ; je cherche mon ambulance; Elle n'est pas venue. A force de m'informer, je trouve le village de Méy que garde le vingtième de chasseurs, et où sont déposés quelques blessés, entre autres le commandant du bataillon. Il est mort ; un capitaine le recommande à mes prières. Un matin qu'il sera libre, il viendra entendre la messe pour lui dans notre tente.

Mais là sont peu de blessés. Je cours et trouve enfin une vaste cour de château dans laquelle affluent les blessés.

Quel spectacle, mon pauvre frère ; des cris... puis à boire, à boire ; et on n'a rien, que de l'eau trouble, un peu de vin.

Cette nuit est comme un cauchemar ; jusqu'à trois heures du matin, nous les soignons, les consolons, les chargeons sur les mulets qui doivent les conduire à Metz, car on redoute la venue des Prussiens pour le matin.

Il en reste quelques-uns qui vont mourir ; je voulais demeurer avec un brave homme, un peu chirurgien, mais le général pense que je dois partir ; j'obéis et me voici de nouveau en marche au milieu des braves tirailleurs qui se sont si bien comportés devant les Prussiens, infiniment plus nombreux qu'eux.

J'ai tellement sommeil que je dors debout en marchant. Nous traversons la Moselle sur un pont de bateaux, et me voici recherchant, au milieu de cette vaste plaine, mon ambulance et **André**, dont je suis séparé depuis vingt-quatre heures.

Je rencontre notre état-major. Nul ne peut me renseigner, et je suis tellement étourdi par la marche et le sommeil, qu'oubliant que c'est la fête de l'Assomption, je m'arrête avec des soldats pour boire un sou de lait.

Après diverses allées et venues, je reconnais de loin la toile blanche de notre voiture. André commençait à être en peine et regrette de ne pas s'être trouvé à l'affaire.

Oh! mon frère, combien souffrent ces pauvres soldats!... Si vous les voyiez, couchés sur l'herbe mouillée, dans les fossés, accablés de fatigue et de sommeil : ils ne font attention à rien, pourvu qu'ils puissent dormir.

A cet instant, il est deux heures ; depuis ce matin, nous attendons un ordre de départ ; ces marches et contre-marches restent un mystère pour nous...

Cependant, vers sept heures, l'aumônier a dit la messe dans une tente, où je l'ai servi pour remplacer la mienne. Quel malheur qu'on ne souffre pas publiquement de messe en un tel jour!... Mais Dieu est absent de tout. Quand je serai plus en pied, j'essaierai.

Hier, en traversant Metz, j'ai pris chez les Pères jésuites les nombreuses lettres qui m'y attendaient. Elles m'apportent vos inquiétudes, celles des Sœurs; mais demandez seulement, avec un peu de foi, que le bien sorte de tant de malheurs et d'humiliations, et ne craignez rien. Au reste, franchement, pouvait-on rester tranquille au milieu de tels malheurs?... Voyez combien de nos amis sont affligés... Et sommes-nous à la fin?

Je pensais que MM. Thomasset feraient peut-être bien de frapper de suite une médaille.

Je ne sais ce que vaut cette idée, voyez avec ces bons messieurs que je vous prie de remercier encore une fois de tout mon cœur. — S'ils se décidaient, il faudrait faire de la *grandeur indiquée*.

4

De plus ne manquez pas le mot *crucifié* et un petit crucifix au milieu. On oublie trop Jésus. Vous nous en enverriez pour toute la division, quelques-unes en argent pour le général et son état-major.

C'est une idée... ces messieurs doivent avoir des poinçons tout faits pour les lettres et le christ, ce serait donc vite fait et je crois qu'une telle médaille se vendrait largement.

Un ordre de lever le camp m'interrompt.

Nous allons à peu de distance plus loin; je n'y comprends rien.

Aujourd'hui nous avons entendu vers midi du canon, mais très-loin.

Adieu, mon bon frère, adieu aux Sœurs, qu'elles ne s'inquiètent pas.

Je n'oublie personne, mais je ne puis écrire souvent à tout le monde, c'est une vraie vie de sauvages, la guerre fait revenir l'homme à l'état de nature.

Prions, offrons notre vie pour le salut du monde, et espérons.

André vous dit mille choses, vous remercie

de tout son cœur pour votre lettre, et vous répondra au premier jour, mais il a encore moins de temps que moi.

> Terminée lundi 15, fête de l'Assomption, dans les plaines de Saint-Martin, sur les bords de la Moselle.

SECONDE PARTIE

LE SIÉGE ET LA CAPITULATION DE METZ

I

17 août 1870.

Je vous écris d'une prairie marécageuse, située entre deux villages, Amanvilliers, que nous avons traversé hier soir et Saint-Privast que je vois à notre droite.

Le 16, au matin, on nous réveillait à trois heures pour partir à six.

Avec M. l'aumônier, nous allons réveiller le sacristain de Méy afin de dire la sainte messe... L'aumônier seul en a le temps, j'y communie avec notre bon sous-intendant, qui peut-être est mort à cette heure, car il a disparu.

Nous nous hâtons, et cependant l'ambulance ne prend rang dans le convoi qu'à neuf heures. Je laisse la voiture à André, et me voici suivant la colonne, causant avec quelques soldats.

Dès onze heures, beaucoup commencent à tirer de l'aile, j'en soulage quelques-uns avec un peu d'élixir, je fais prendre les sacs de quelques autres par la voiture... Je suis étonné de voir la quantité d'hommes qui s'attardent dans les cabarets.

Vers midi, nous commençons à entendre le canon, le bruit augmente. En mettant l'oreille à terre, on entend un continuel et fort bourdonnement... On hâte la marche, et voici qu'à l'horizon nous apercevons les obus qui éclatent en l'air.

A Saint-Privast, la tête de colonne s'était arrêtée pour faire la soupe, mais le bruit de la canonnade augmentant, on donne un coup de pied aux marmites et on part.

Je laisse l'ambulance suivre la route et je vais

à travers champs avec l'infanterie... André voudrait bien en faire autant, mais il faut qu'il conduise Bataille et sache où l'on dressera l'ambulance.

Vers cinq heures, nous passons près de Rezonville, Vionville : le champ de bataille est proche, on entend les boulets ; les soldats déposent leurs sacs et vont en avant... Je les suis pendant un certain temps, mais voici la cavalerie qui manœuvre devant nous, et revient au galop du feu... les boulets et les balles sifflent autour de nous. Là, je rencontre le bon intendant qui a communié le matin. Je reste là pendant un assez long temps, attendant des blessés, mais les colonnes n'avancent pas... Vraiment les aumôniers en chefs de l'armée auraient bien dû donner des instructions sur ce que les prêtres devaient faire, car, n'ayant jamais vu de bataille, nous sommes tous très-embarrassés. Où se mettre ?... Cependant voici un pauvre blessé qui ne peut se traîner, je le prends sous le bras et nous allons vers le village de Vionville où doit se trouver une ambulance.

L'entrée du village est barricadée : quelques hommes du génie y travaillent encore, mais des balles viennent frapper la terre autour de nous... Tout le monde se recule à l'abri, je dépose mon blessé dans l'église et je pense que je ferai bien de chercher mon ambulance où il doit y avoir des blessés. Je la trouve en effet dans une ferme isolée, mais les blessés y sont encore rares; Bataille est dételé et André parti. Où est-il ?.. Je crains qu'il ne soit allé trop en avant; en effet, n'écoutant que son jeune courage, il a été jusque vers les premières lignes, et comme il me le raconte le soir, il a vu les Prussiens et leur fuite devant les baïonnettes de nos soldats et il a pu aider les cacolets à charger les blessés.

Quant à moi, ne trouvant pas encore d'occupation à l'ambulance, je m'achemine de nouveau vers le champ de bataille.

Le jour commence à tomber, la canonnade s'apaise ; cependant, en traversant par les terres, je ne sais qui, quelque mauvais sujet je pense, m'ajuste, et une balle passe près de moi ; Dieu lui pardonne !

J'arrive enfin au milieu des morts et des mourants, on les réunit sur un sentier. Quel spectacle ! mon pauvre frère, mais on n'a pas le temps de s'apitoyer. Chacun vous appelle. J'ai encore un peu d'eau et d'élixir, c'est une bonne fortune pour quelques-uns... Arrive un grand Prussien littéralement déchiré de la tête aux pieds, il marche encore cependant; de sa main libre il me fait un signe de croix et demande mon bras, je l'accompagne jusqu'à un mulet, ma soutane reste tachée de sang.

A peine a-t-on le temps d'arriver vers un blessé qui appelle, que souvent on le trouve déjà mort... Un capitaine demande en grâce une voiture masson (voiture à deux lits), pour lui ce serait le paradis... mais peu à peu ce coin du terrain se débarrasse, la nuit se fait, on n'entend plus que les rares coups de fusils des avant-postes...

II

Plaines de Voipy, sous Metz,
samedi 20 août 1870.

Que de choses terribles depuis ma dernière, mon bon frère, et voici même que je ne puis vous écrire celle-ci que pour causer au moins en esprit avec vous et vous conserver le souvenir de ce que j'ai vu, car Metz est entouré de tous côtés par l'ennemi, le chemin de fer est coupé, rien ne passe plus, je n'ai nul espoir que ma lettre vous parvienne et depuis douze jours je suis sans nouvelles de vous.

Un ordre subit de départ m'avait interrompu, jeudi, pendant que je vous écrivais... En effet, nous n'étions pas encore partis que déjà les boulets et les bombes arrivaient jusqu'à nous... plusieurs chevaux du parc d'artillerie étaient tués... le feu mis aux premières maisons du village d'Amanvilliers que nous avions traversé la veille et où s'était, je crois, établi le quartier général de la division. Nous apercevons la troupe se formant rapidement en bataille sur les hau-

teurs. Sommes-nous vaincus ou vainqueurs ?
Je n'en sais rien ; en tous cas, je crois que c'est
à peine si nous tenons le champ de bataille.
C'est une surprise.

Mais voilà que tout cet attirail de voitures
qui suit une armée veut fuir à travers champs ;
puis arrivent des régiments, des batteries, des
fourgons de munitions ; chacun veut passer,
jure, tempête : « Pardon, monsieur le curé, » me
dit en passant un énorme colonel qui venait de
jurer de tout son cœur, pardon, mais c'est comme
cela qu'il faut parler pour que ça marche... »
En moi-même je lui donne bien, autant que je le
puis, l'absolution à ce pauvre colonel qui peut-
être va se faire tuer avec tant d'autres.

Cependant notre ambulance, cherchant une
position abritée, atteint enfin, tant bien que mal
la grande route. Mais elle s'éloigne tellement
que je trouve qu'elle finira par devenir inutile.

Je me demande si mon devoir ne serait pas
de me tenir plus près du champ de bataille, je
m'arme donc de mon crucifix, car les boulets
commencent à circuler au-dessus de moi, et les

détonations du canon se rapprochent et sont terribles.

J'arrive à la troisième ligne. Un régiment entier était là couché par terre... Une bombe tombe sur le front, couvre de terre une compagnie, les soldats émus se relèvent et se retirent de quelques pas, mais les officiers les ramènent. Je m'avance aussi, leur parle en riant, et offre à un certain nombre d'embrasser mon crucifix, ce qu'ils font, je vous l'assure, sans aucune espèce de respect humain.

Je vais alors jusqu'à la seconde ligne. A peu de distance en avant est l'artillerie... C'est derrière cette ligne que se tiennent les généraux ; ils sont bien exposés sur leurs chevaux. Là, les officiers me crient de me baisser, de me coucher à terre avec les soldats. En effet, les boulets sifflent de plus belle. Les soldats sont silencieux, se cachent de leur mieux dans les sillons. Quelques officiers debout s'efforcent de causer... Quel courage, quel sang-froid on réclame de nos soldats ! Rester là, inactifs, exposés à la mort pendant de longues heures.

Je cause longtemps à terre avec un capitaine Il me montre à côté de lui une bouse de vache dont la moitié vient d'être emportée par un boulet. Il s'étonne lui-même du sang-froid de ces hommes. « Et moi aussi, je m'en étonne, lui répondis-je, car, si mon crucifix que j'ai dans ma main ne me retenait pas, je ne resterais pas là. »

Je disais vrai. Vous voyez, mon bon frère, que je ne suis pas très-courageux, et que vous n'avez guère à craindre que je m'expose plus qu'il ne faut.

Mais voici que la batterie en face de nous se met à tirer. Le général qui est derrière nous, à cheval, apercevant, il paraît, un mouvement des Prussiens sur cette batterie, ordonne au capitaine avec lequel je cause, de prendre sa compagnie et d'aller se placer entre les canons, pour les défendre... « Allons à la boucherie! » disent quelques soldats en se levant; un ou deux se font tirer l'oreille... « Ah! bénissez bien ma compagnie, M. l'abbé, me dit le capitaine, afin qu'il ne lui arrive pas malheur. » Je le fais bien de tout mon cœur, et après que j'ai donné l'absolution à tous, ils partent... Que sont-ils devenus? Je ne sais, je ne les ai pas revus... Je suis fâché de n'avoir pas pris le numéro du régiment.

Mais je ne venais pas simplement pour m'exposer ou pour voir; les blessés sont rares, et on les emporte tout de suite. A la première ligne, c'est un ouragan : on ne peut, on ne doit pas en approcher... Les soldats s'y meuvent rapidement... Derrière moi se forment tout à coup en bataille les dragons... « Pauvres dragons! disent alors quelques fantassins, à quoi sert qu'ils aillent se faire *esquinter*, comme avant-hier ? » Les dragons font mine de vouloir charger... S'ils étaient ramenés, on serait écrasé, puis il n'y a rien à faire là pour moi... A ma droite est le village de Saint-Privast, à l'entrée duquel l'artillerie s'établit pour repousser l'ennemi qui semble vouloir y pénétrer, espérant ainsi tourner notre droite.

Je pense que dans ce village il doit déjà y avoir de nombreux blessés ; je me dirige là, non sans crainte des boulets et des balles qui voltigent de plus belle autour de moi... « Ah! un homme coupé en deux, » dit un colonel de dragons.

Je m'informe auprès de quelques officiers en embuscade derrière des maisons : on m'indique l'ambulance.

Comme c'est triste, ce village abandonné! Les boulets menacent les maisons: des canons, des soldats dans les rues, derrière ses murs percés de meurtrières... Quel drame affreux va se passer là?

J'aide quelques blessés : ayant l'un d'eux au bras, un éclat d'obus va se planter dans le mur à côté de nous... Arrivé à l'ambulance, j'y aperçois un aumônier officiel... peut-être y aurait-il bien de l'ouvrage pour deux, mais je ne je ne dois pas perdre ma propre ambulance, je sens qu'André me cherche avec inquiétude ; je vais à sa recherche et l'aperçois enfin de loin.

Mais le combat augmente autour de Saint-Privast ; les Prussiens tournent rapidement la position, nos lignes se retirent en arrière pour ne pas être prises de flanc; l'artillerie change deux ou trois fois de position avant de pouvoir tirer. Elle commence à manquer de munitions, et on en envoie en vain chercher dans un long convoi stationnant sur la route... Il est vide ! Sur l'ordre de l'aide de camp, les caissons partent au galop pour Metz ; mais quand ils reviendront, il sera trop tard !

Je trouve André qui, sans s'émouvoir de tant de bruit, veut me forcer à manger la ration froide de pommes de terre volées et de lard rance que les Prussiens nous ont forcés à enlever ce matin à moitié cuite de dessus le feu.

Mais tout à coup on entend des cris ; ce sont les Prussiens, qui, leurs fusils à la main, débordent le village, éparpillés comme une nuée de sauterelles... Alors les soldats commencent à se débander... les bagages se sauvent... On ne tarde pas à faire partir notre ambulance qui n'a pas encore ramené un seul blessé, car nos lignes reculent depuis le matin... Nous trouvons un blessé ; nous le plaçons dans notre voiture et nous voici en route.

Que vous dire d'une telle journée, mon pauvre frère ? C'était terrible ! Si vous aviez vu sauter les caissons enflammés par les obus, le feu si rapidement mis au village, ces beaux régiments de dragons et de cuirassiers subitement ramenés par la mitraille, ces canons galopant à travers les champs labourés, ces fantassins qui vont en ligne presque avec la certitude de mourir, car ils vont se butter contre du fer.

A quoi servent nos fusils et nos baïonnettes ? disaient avec raison quelques officiers... C'est une question de nombre de canons... Et nous prêtres, que faire ? Impossible de relever un seul blessé ; nos lignes reculent sans cesse, et c'est l'ennemi qui occupe successivement toutes les parties du champ de bataille.

Les choses en étaient là, et nous attendions les événements au hameau de Jérusalem, lorsque le bruit se répand tout à coup que les Prussiens vont barrer la route.

Oh, alors c'est un sauve-qui-peut général : voitures de bagages, fantassins débandés, ordonnances, cavaliers, s'élancent en désordre au milieu d'une telle poussière que le jour en est littéralement obscurci ; c'est une course désordonnée pendant douze kilomètres, dans une route encaissée entre des rochers couverts de bois.

Et la route n'étant pas assez large, on aperçoit les fantassins et même les cavaliers se sauvant à travers les bois et les vignes. Il semble à chaque instant que les Prussiens vont paraître. Des voitures se cassent, roulent dans les fossés. Comment sommes-nous sortis sains et saufs d'une telle bagarre ?.. Je ne le sais, et c'est bien de tout mon cœur que je promettais une messe et un beau cierge à Notre-Dame de Fourvières.

C'était effrayant... Notre pauvre petit cheval a fait merveille, et André a vraiment montré un admirable sang-froid, conduisant très-bien avec énergie... Notre blessé nous porte aussi bonheur, je le crois.

Arrivés à Saulny, nous voulons nous arrêter, espérant pouvoir remonter le courant pour chercher nos blessés. Nous rangeant donc de côté pour laisser passer les fuyards, nous voyons à y préparer une grange... Mais le flot vivant de cavaliers, voitures et fantassins ne se ralentit pas, les ordonnances à cheval, cet éternel embarras des armées, passent en nombre... Nous attendons toujours, en organisant l'ambulance, lorsqu'arrive un colonel d'état-major qui ordonne d'aller jusqu'à Metz. Pourquoi ?.. Nous ne le savons : tout est-il donc perdu, les Prussiens vont-ils entrer pêle-mêle avec nous dans cette ville si forte ?

Il faut obéir, et de nouveau nous voici emportés par le courant.... Quel soulagement, lorsqu'à travers la poussière, nous entrevoyons le premier bec de gaz de la route qui conduit à Metz... Qui décrira notre entrée à travers les ponts levis ?.. Quelle cohue, quel étrange amas de choses et d'hommes. Heureusement notre voiture est étroite et son essieu bon... Les habitants ébahis voient défiler cet affreux cortége, ils demandent des nouvelles... on croise aussi dans les rues de longues lignes de mulets chargés de blessés entrés par d'autres portes, puis de grandes voitures pleines de ces pauvres malheureux... Enfin, nous voici dans la vaste cour des casernes changées en infirmerie... Nous aidons à monter les blessés dans ces innombrables salles dont les lits sont presque tous pris... Avec quelle joie ces braves gens s'étendent ou s'asseyent sur les lits... un lit dans une salle tranquille, c'est le Paradis... De nombreuses dames s'empressent autour d'eux ; du vin sucré est préparé.

Quant à nous, il nous semble que nous sortons d'un rêve... Que serait-il arrivé, si un boulet était venu tomber au milieu de ces fuyards ?... Heureux de l'espèce de calme relatif qui règne dans cette cour d'hôpital, nous soupons de je ne sais quoi, faisons la prière et nous arrangeons pour dormir dans notre voiture, car maintenant, nous campons partout.

Le lendemain, vendredi, à une heure, par une pluie battante, on nous fait partir pour aller camper dans une plaine boueuse à cinq kilomètres de Metz.

C'est de là que je vous écris, incertain plus que jamais sur les événements.

Le pays est littéralement couvert de troupes... Les gendarmes avaient empêché les soldats fuyards d'entrer dans la ville ; peu à peu, ils se sont ramassés autour de leurs drapeaux... Les régiments se reforment, on campe jusque dans les vignes, et toute la journée nous voyons circuler, changer de place les divers corps d'armée. Nous n'espérons même guère une nuit tranquille ; plusieurs fois il nous semble entendre le canon, et nous sommes admirablement placés pour recevoir les boulets... A cette heure, samedi, quatre heures du soir, il n'y a encore rien.

Vers six heures, nous allons voir les soldats, et nous traversons le village voisin de Voippy.

Sans vouloir dire du mal de l'armée française, ce que nous voyons ne ressemble guère à ce qu'on rêve quand on pense à une armée, c'est une vraie foire : des buvettes partout, des marchands, tous les corps mêlés, les officiers supérieurs, les généraux eux-mêmes, circulant au milieu de tout cela, sans qu'on fasse grande attention à eux... On se demande avec anxiété ce qui arriverait si, à ce moment, paraissait l'ennemi.

Nous sortons du village, et nous arrivons dans les bois et les vignes. Le génie y a creusé diverses embuscades pour les tirailleurs... Un peu plus loin, tout à fait en première ligne, nous trouvons campé dans les vignes notre brave petit 20me de tirailleurs. De onze cents, ils ne sont plus que six cents, mais encore pleins de courage et même de gaieté, parlant presque avec joie de leurs pertes et de leurs dangers. Nous y apprenons que M. D... de Lyon, un de leurs officiers, a été blessé, mais peu gravement. Nous causons longtemps avec ces bons jeunes gens. Ils se sont organisé des tentes avec des feuillages et quelques toiles; car, dans la journée du 18, ils ont tout perdu.

Cependant le jour baisse; nous retournons au camp, et encore plus que la nuit précédente, nous pensons être réveillés par le bruit du canon... Mais les Prussiens continuent la même tactique; ils savent bien qu'en se retirant, les Français s'établissent fortement dans de nouvelles positions, et trouvent, en se rapprochant de Metz, des renforts et des munitions considérables. Aussi se gardent-ils bien d'attaquer, et tout au plus laissent-ils apparaître, sur la lisière des bois, quelques uhlans que saluent de temps en temps les canons du fort Saint-Quentin.

Le dimanche matin, à quatre heures, on sonne la diane, et l'on se prépare à partir. Où va-t-on ? Nul ne le sait encore. Nous pensions dire la sainte messe dans notre tente, ainsi que M. l'aumônier ; impossible d'y songer.. Enfin les ordres arrivent ; on va du côté de Metz.

Arrivés aux portes, à côté de l'hôpital, on nous dit d'attendre des ordres... Pendant ce temps, je vais à Metz dire la sainte messe chez les P. P. jésuites et enfin à mon retour, à onze heures, on m'annonce que notre ambulance est dissoute, que notre aumônier officiel et les chirurgiens sont attachés à l'hôpital militaire.

Nous voici donc de nouveau sans emploi, et quoique nous ayons déjà bien des connaissances dans l'armée, nous savons maintenant qu'il est impossible de suivre un corps si on n'y est pas attaché d'une manière officielle.

Notre parti est vite pris; nous irons soigner

les blessés aux immenses ambulances établies autour de Metz.

Il s'agit cependant de loger, au moins provisoirement, notre cheval et nous. Impossible de trouver une place dans une écurie ou un hôtel.. Eh bien, nous continuerons tout simplement à camper dans notre voiture..

Nous nous acheminons donc vers le Polygone où sont établies les ambulances. Nous nous arrêtons vers une baraque à moitié construite.

Le lendemain, lundi, on nous accepte volontiers pour le service des malades, mais les salles sont presque encombrées de servants volontaires ou payés ; des femmes sont dans les salles occupées à panser. Cela ne peut guère m'aller. Les Sœurs de Saint-Vincent de Paul me l'avouent elles-mêmes... Cependant nous campons encore une seconde nuit, quoique notre présence dans un tel équipage semble suspecte à un officier de la mobile qui, avec trois hommes armés de leurs fusils, vient nous demander nos papiers... Au reste, après les avoir vus, il se confond en excuses.

Le lendemain mardi, je me décide à chercher une petite chambre à Metz afin de nous y reposer à l'abri pendant quelques jours, car franchement, nous sommes un peu fatigués ; je me serais estimé très-heureux de trouver un grenier sous les tuiles, mais le bon, le très-bon Dieu envoie partout des anges sur le chemin de ses plus misérables serviteurs. A peine avons-nous exprimé le désir d'avoir un gite à une bonne demoiselle, sœur de l'horloger qui est en face des P. P. Jésuites, qu'elle nous offre une bonne petite chambre au troisième, et par-dessus le marché, quand j'en demande le prix, on se récrie; rien n'est à payer. C'est la chambre d'une ouvrière lingère qui a quitté Metz. Jolie chambrette vraiment, qui est tout un palais pour des gens qui depuis dix-huit jours couchent à la belle étoile...

Mais ce n'est pas tout ; la personne dépositaire de la clef de la chambre et qui occupe un petit appartement à côté s'offre pour nous fournir le feu qui nous est nécessaire, car nous ne voulons pas aller dîner dehors ; c'est trop de dépense et de luxe : nous pensons continuer notre ménage de campagne.

Voici donc que je place un morceau de lard avec du riz et de l'eau dans une gamelle de fer et la prie de faire cuire cela sur son feu, puis je fabrique une soupe avec du liébig et du biscuit. La bonne demoiselle pousse des cris d'horreur. Cependant il faut bien qu'elle se résigne à nous voir dévorer cette affreuse cuisine; mais le soir elle se permet de m'attraper; et en effet, elle nous sert pour souper un délicieux plat de pommes de terre sautées à je ne sais quelle graisse, ce qui fait battre le cœur d'André.

Voici donc que, bon gré, mal gré, il faut que nous nous laissions bien traiter par cette bonne demoiselle. Et qu'on vienne maintenant douter de l'Évangile... partout nous trouvons et des sœurs et des frères.

Cependant il ne s'agit pas de rester dans ce repos. Je vais trouver le bon abbé Jacques, aumônier de la seconde division troisième corps ; il est aussi relégué à Metz depuis quelques jours... Dès que je lui parle de notre position, il me dit qu'il sera très-heureux si je veux me joindre à lui.

Décidément le bon Dieu y met la main. J'accepte, et dès le jour même, à deux heures, nous allons visiter la division qui se trouve campée en dehors de la porte Serpenoise, autour du petit séminaire, près du village des Sablons, dans les tranchées du chemin de fer... Elle s'y fortifie au moyen de fossés, de talus pour les tirailleurs. Nous apercevons ses sentinelles avancées, dispersées dans les vignes... Les Prussiens sont près de là... Une ferme, à laquelle ils viennent de mettre le feu, brûle à trois cents mètres de nous.

Quelle triste chose que la guerre, ô mon Dieu!... et nos soldats sont là, attendant d'un instant à l'autre des coups de fusil...

J'admire comment l'abbé Jacques sait aborder les militaires, leur parler tout de suite de l'état de leurs âmes, et en arriver, en résumé, à de véritables confessions en plein air.

Il n'y a guère à faire qu'avec les soldats de la ligne; les cavaliers, les artilleurs sont trop fiers, trop occupés. Quant aux officiers, ils sont très-polis, très-attentionnés ; leur conversation très convenable, mais le scepticisme, la franc-maçonnerie percent à travers cela, sauf un certain nombre. Ainsi, le colonel du 12me de ligne communie plusieurs fois par semaine. Ce matin, 27, chez les PP. jésuites, communiait un colonel d'état major, sans parler de tant d'autres.

Nous cherchons le général de la division auquel il faut que je sois présenté pour en obtenir la permission de la suivre. Nous allons voir M. le curé des Sablons qui me semble un fort saint homme. On convient avec lui d'une bénédiction à donner le soir aux militaires et de plusieurs messes pour le dimanche, si la guerre le permet. Mais il faut encore la permission du général. Enfin, nous rentrons à sept heures; c'est l'heure de la fermeture des ponts-levis, et en rentrant, je trouve à la maison M. G..., qui nous raconte ses aventures jusqu'à onze heures du soir, et nous lui faisons même partager la modeste soupe que notre bonne hôtesse nous a préparée.

La ville de Metz est complètement bloquée par l'ennemi, et on commence à y manquer de tout. Impossible de se procurer ni œufs, ni lait, ni légumes : les œufs se vendent quatre à cinq francs la douzaine, le sucre un franc soixante la livre, les boulangers cachent le pain, de la mauvaise viande coûte soixante centimes, etc... Aussi on est réduit à manger des pommes de terre, et même des pommes de terre à soixante centimes le kilo, ou du riz, le tout sans beurre qui coûte déjà cinq francs... Aussi, comme effrayés du prix des foins, nous voulions vendre Bataille, M. G... nous dit : « Gardez-vous en bien. Si les choses continuent, vous le mangerez ; il sera d'une valeur énorme. » Singulier espoir... Et un officier partant pour une reconnaissance, disait aussi : « Si je rencontre des uhlans, je les laisse approcher et fais tirer sur les chevaux, afin de faire de la viande à nos hommes »... Quel désordre ! La guerre, c'est l'état sauvage... Aussi faut-il demander à Dieu la paix... Mais pour le bien des âmes, il faudrait la paix dans l'humiliation, non dans la gloire.

II

27 août 1870.

Hier, tout le jour, les convois de l'armée ont traversé la ville. On voulait débarrasser le côté de Metz où allait se livrer la bataille, afin que les forts pussent mitrailler les Prussiens sans obstacle, dans le cas où les Français seraient repoussés jusque dans Metz.

Le soir, une lourde artillerie sort de la ville... mais le bruit se répand que les Prussiens, fidèles à leur tactique, refusent encore une fois la bataille. Ils se contentent de bloquer l'armée qui entoure Metz, et vont probablement marcher sur Paris... Selon nous, ils ont peu à craindre les gardes mobiles; quand on a vu une bataille de près, on comprend qu'il faut que les soldats soient formés et vigoureusement trempés.

La nuit s'est donc encore passée tranquille, et c'est de tout mon cœur que je prie Notre-

Dame de Bon-Secours de nous délivrer de si grands fléaux, quoiqu'on ne puisse nier qu'il en sorte un grand bien spirituel.

Le soir, l'abbé Jacques étant malade, je vais de sa part demander à son général, en garnison au fort de Queleu, s'il veut la messe pour le lendemain dimanche.

A travers une boue affreuse, je trouve enfin le brave général qui me reçoit honnêtement et cavalièrement, et ne semble par trop savoir de quoi je veux lui parler quand je lui parle de la messe. D'ailleurs il s'en dit déjà une dans le fort, et de plus à huit heures, qui est l'heure de la messe, il réunit ses chefs de corps. Nous imaginons donc de dire une messe dans l'église à moitié abandonnée de Queleu. J'y vais en effet le lendemain. Nous prévenons en route quelques militaires; mais il pleut, les chemins sont horribles, de sorte qu'n réseumé, il nous en vient très-peu.

III

29 août 1870.

Le lundi, las de notre inactivité, je tiens conseil avec M. G... sur ce que nous pourrions faire. J'avais quelque envie de ramener une vingtaine de blessés dans un local et de les servir à nous trois; mais M. G... me fait très-sagement observer que le soin de vingt hommes nécessite un matériel considérable, que ce serait me lier les mains : « Songeons, dit-il, que lorsque nous pouvons assister à une bataille, nous rendons en un seul jour plus de services qu'en un mois dans une simple ambulance, que nous devons nous résigner à faire comme les soldats qui se préparent, ou plutôt attendent une bataille des mois entiers... qu'au reste les visites que je puis, moi prêtre, faire aux ambulances en distribuant aux soldats quelques petites bagatelles, cigares, etc., sont plus fructueuses que je ne le pense. »

M. G... a raison, et dès le lendemain, je m'achemine vers l'ambulance de Saulcy. C'est la plus éloignée et par conséquent la moins visitée.

Les soldats y sont sous des tentes, servis par des mobiles et par les chirurgiens et aumôniers de l'armée. L'aumônier que je rencontre m'accueille très bien, me prie même de l'aider, car il est malade; c'est lui qui a été prisonnier à Vionville. Je trouve donc là, largement à m'occuper.

IV

31 août 1870.

Mais voici que le jeudi 31, dès le matin, on entend des coups de canon du côté de Boulay, Sainte-Barbe. On parle d'une grande attaque des Français qui désirent passer les lignes prussiennes, probablement même aller donner la main au général Mac-Mahon qu'on attend depuis si longtemps.

En revenant de l'ambulance je m'informe. En effet, vers trois heures, le canon se fait entendre sérieusement ; mais où aller pour trouver les blessés ?.. J'erre un peu d'un côté à l'autre, car l'abbé Jacques n'a reçu aucun ordre, pas plus qu'aucun autre aumônier. Assez embarrassé, je l'avoue, j'entre dans la vieille église de Saint-Maximin. J'y reste longtemps, priant Dieu de me conduire là où je pourrais le servir ; je m'achemine vers la porte des Allemands.

De nombreuses voitures militaires y passent ; un garde national m'empêche de sortir. Indécis encore, et n'aimant pas les explications, je me soumets humblement ; faisant le tour entier de la ville, conduis, je le crois, par mon bon ange, je vais sortir par la porte Chambière. De là, j'entends encore mieux la canonnade, je vois défiler rapidement la garde impériale. Je la suis et, à travers un flot immense de cavaliers, de canons, chariots, etc., j'arrive sur les hauteurs de Saint-Julien. Je rencontre quelques blessés, et on m'indique enfin une ambulance. J'y vais.

Elle est sous les canons du fort ; c'est l'ambulance du grand quartier général. Peu à peu les blessés y arrivent. Nul aumônier officiel n'y est, on m'y accueille très-bien. Le major me prie même d'aller voir un homme dout il vient de couper la jambe. Jusqu'à minuit, il nous arrive en quantité des blessés. J'admire surtout l'activité, la douceur d'un chirurgien que j'entends nommer Libermann. Serait-ce par hasard uu neveu du P. Libermann, fondateur de la congrégation du Saint-Esprit, un cousin ou un frère du P. Libermann qui a été mon professeur à Rome?

Au jour, un moment de répit nous étant laissé, je m'approche du bon major, lui fais mon compliment et m'informe auprès de lui. En effet, il est le neveu du P. Libermann, et une fois de plus est vraie la parole de l'Écriture sainte : *Generatio rectorum benedicetur...* Me voici donc en pays de connaissance, j'apprends que le grand quartier général n'a aucun aumônier officiel nommé, si ce n'est un rabin juif que j'aperçois en effet pendant quelques instants. L'aumônier des dix régiments de la cavalerie de la garde vient aussi un peu. Je pourrai donc probablement m'attacher à cette ambulance si les circonstances y prêtent. Le major le verrait avec plaisir. Je m'entends avec le secrétaire ; il me préviendra. On est même plein d'attention pour moi ; le matin on m'offre le café traditionnel, puis plus tard la soupe, etc.

Comme il est vrai qu'il ne faut s'inquiéter ni des vivres, ni du vêtement ! Pendant la nuit, un officier s'étant aperçu que je grelottais un peu sous ma soutane de serge, m'a prié de prendre une couverture de malade, avec laquelle je me suis fait un manteau et ai pu dormir deux heures, la tête appuyée contre une tente de blessés, à côté d'un pauvre soldat à moitié mort... Mais on finit par peu se frapper de cela... plus de 150 hommes sont ainsi étendus autour de moi sur des pliants et roulés dans des couvertures. La nuit est froide ; le matin une gelée blanche nous couvre tous... et bien des plaintes sortent de dessous ces couvertures ensanglantées.

Peu à peu cependant le jour vient... mais voici que dès quatre heures et demie, le canon se fait entendre, ce terrible canon qui a tonné la veille jusqu'à huit heures et demie du soir. A cette heure, les Français avaient pu voir les Prussiens s'éloigner, abandonner plusieurs positions fortifiées... Sainte-Barbe peut-être.

V

1ᵉʳ septembre 1870.

Le jeudi matin 1ᵉʳ septembre jusqu'à sept heures, le canon maintient l'ennemi à distance.. mais peu à peu le bruit se rapproche de nous. Les Prussiens avanceraient-ils? Ce n'est que trop vrai... Voici que les bagages commencent à revenir. Un officier apporte même à l'ambulance l'ordre de se préparer à partir... mais on attendra encore, car il est dur d'évacuer si vite nos blessés : puis nous sommes sous les canons du fort de Saint-Julien qui tonne de temps en temps et saura bien tenir l'ennemi à distance.

Pendant ce temps, de nombreuses voitures de paysans sont arrivées de Metz; nous y chargeons nos blessés. Pauvres gens, comme ils sont heureux de penser qu'ils vont trouver un lit et un toit à Metz!. Et pourtant, elles sont bien dures ces voitures non suspendues, la plupart sans paille. On y jette quelques feuillages de vigne... Peu à peu l'ambulance se vide. Il nous arrive peu de blessés; les Français reculant, on ne peut les relever, et d'ailleurs ce n'est qu'un combat d'artillerie.

Vers neuf heures, le combat se rapproche tellement de nous que nous commençons à être émus. Un ou deux boulets se permettent même de passer par-dessus nos têtes.

J'avoue que dès que le canon se fait ainsi entendre, on n'a plus froid : le sang semble circuler plus rapide dans les veines... mais à dix heures, tout bruit cesse... Quelles ont été les opérations de ces deux journées? Qu'a voulu le général en chef?... A-t-il gagné ou perdu? Je ne me permettrais pas de le juger.

En résumé, les troupes reviennent; la belle cavalerie que j'avais vu défiler hier prend des positions en arrière. Les cuirasses dorées étincellent au soleil. Encore deux heures et nous la verrons.

Quant à votre pauvre frère Camille, il a fait tout petitement ce qu'il a pu au milieu de si grandes et de si terribles choses; il a fait voir la robe du prêtre de Notre-Seigneur Jésus à genoux au chevet ou aux pieds de ces pauvres soldats blessés ou mourants; il leur a donné le bras pour aller à l'ambulance ou retrouver la route de Metz où l'on se hâtait d'expédier même à pied les moins malades; il en a confessé et absout un certain nombre dont plusieurs sont morts; il a donné à boire à beaucoup et montré le prêtre sachant souffrir et travailler tout aussi bien qu'un autre. C'est là ce qu'il fallait.

Le combat étant fini, l'ambulance est évacuée; je reviens avec elle à Metz; quatre heures pour faire cinq kilomètres, tellement les routes sont encombrées.

Je prends congé de M. Libermann, et le félicite sincèrement des bons soins donnés aux blessés; car vraiment, j'ai admiré la belle organisation de cette ambulance. Par terre, étaient d'avance étendus plus de cent petits pliants fort ingénieux. Au moins le malade n'est pas couché dans la boue ou sur l'herbe humide. De vastes tentes sont dressées pour les opérations et les hommes plus malades; une d'elle est la pharmacie. A côté se tient un sous-officier chargé de la distribution des boissons. Il a devant lui plusieurs tonneaux d'eau, d'eau-de-vie, de vin; un peu plus loin est la cuisine, et dès une heure du matin, on a du bouillon, puis une soupe au pain, et enfin du pain et du fromage. Je crois qu'il serait difficile de faire mieux; et les esprits chagrins qui se plaignent ont tort... Vraiment tout le monde était bon pour les blessés.

Une seule chose un peu singulière et comique s'est passée : un sergent d'infirmiers chargé de compter, je crois, les blessés et les morts, s'en allait les enjambant et les tâtant les uns après les autres pour savoir s'ils étaient vivants, et disant : « Ah! ça bouge, ça. » Voilà tout, et il le faisait simplement, car c'était un bon garçon. On s'habitue si vite à voir souffrir.

Me voici de nouveau revenu à Metz.

En arrivant à notre chambrette, je trouve tout mon monde fort inquiet; je les gronde, car je ne suis pas à Metz pour ne rien faire, et je me dispose à gronder aussi André quand il rentrera, parce qu'il a fait aussi l'effrayé sur mon sort. Fatigué d'un point au côté, il n'a pu me suivre.

VI

2 septembre 1870.

Le lendemain, 2 septembre, vendredi, je vais dès le matin à la grande ambulance du Polygone. Je la trouve encombrée de nos blessés. Ils n'ont encore reçu que peu de soins. Là, pendant deux ou trois jours, je trouve large occupation, je panse et lave ces pauvres malheureux. On ne peut accuser personne de ce qu'ils souffrent, car il faut du temps pour panser tout le monde.

En remplissant un tel ministère, je sens que rendre ces petits services matériels aux hommes est peut être encore le plus sûr moyen de parvenir à leur cœur. Je sens que ceux auxquels je puis rendre les plus bas services sont vraiment touchés.

André qui était malade d'un point au côté se joint à moi, et nous nous demandons si nous ne ferions pas bien de nous attacher tout à fait à cette ambulance. Ne serait-ce pas le ministère le plus fructueux ? On perd tant de temps à la suite de l'armée, les batailles sont si rares !

VII

5 septembre 1870.

Aujourd'hui, grand émoi pour nous, nous venons de vendre Bataille.

Depuis quinze jours la pauvre bête ne nous servait absolument à rien et nous coûtait fort cher ; le foin se vendait trente-cinq à quarante francs les cents kilos. Nous avons bien hésité à le vendre, car il nous avait rendu de grands services ; peut-être pourrait-on encore suivre l'armée; mais c'est bien incertain. Nous trouvons une occasion incroyable, cent trente francs dans un moment où l'on achète pour cent francs de beaux chevaux. Nous le donnons donc, et nous n'aurons pas, mon bon frère, le plaisir de vous le conduire à Lyon ; mais franchement, nous n'avions guère le droit de dépenser pour lui autant chaque jour, avec si peu de chance de l'utiliser. C'est André qui a fait tout seul le marché ; il a décidément du goût pour le commerce, car j'étais bien loin d'espérer un tel prix.

André vient de se coucher. Je suis seul, je pense à vous, mon bon frère, à nos Sœurs, à tout le monde, à cette œuvre, cette cité que je n'ai pas quittée depuis vingt ans, car on n'appelle pas quitter, quand on s'écrit. Mais maintenant plus un mot, rien et à quand ? Nul ne le sait. Les opérations militaires sont un mystère pour tous, pour les officiers comme pour les autres : nul ordre du jour n'est publié, nul bulletin sur les batailles où tant de braves gens ont donné leur sang. Je crois qu'il y a dessous tout cela de plus grands malheurs qu'on ne le pense généralement, ou ne faut-il accuser que l'inertie de nos chefs, inertie causée par les habitudes de luxe, de mollesse, de bien-être, auxquelles les a façonnés le joug impérial? *Rome mange et meurt* comme dit le P. Lacordaire. Hélas! ce mot ne pourrait-il pas s'appliquer en bien des cas aujourd'hui?

Les Prussiens sont campés antour de Metz dans des positions inexpugnables, ils ont entouré Metz comme d'une ligne de circonvallation, et ils daignent à peine répondre aux canons qui essayent de les inquiéter. Jamais encore on n'a pu les surprendre, tandis que chaque fois, sauf le 31, nous avons été surpris. Le 18, soldats et généraux allaient déjeûner, quand les boulets sont tout à coup tombés autour de nous.

Il y a là de grands mystères : ce sont les résultats d'un gouvernement sans foi réelle et considérant le bien-être matériel comme le but de la vie... On peut espérer que ce fastueux appareil s'écroulera après de tels désastres, qu'on n'en voudra plus... et Dieu déjà tire un grand bien de tous ces maux apparents. Hier, pendant plusieurs heures, j'ai vu des officiers assister à la sainte messe et communier. Un général arrive à sept heures avec un colonel de hussards, se met humblement à genoux dans le premier banc et le colonel communie, puis un lieutenant d'artillerie... deux immenses capitaines de cuirassiers en large ceinture rouge viennent se mettre à genoux dans mon banc, à côté de moi, et ne savent que faire de leurs jambes et de leurs éperons... ensuite ce sont des soldats blessés ; plusieurs se confessent dans les confessionnaux des Pères. Le 1ᵉʳ septembre au matin, étant sous une tente de blessés à l'ambulance, un lieutenant d'artillerie me voit et me fait signe de venir à lui ; je comprends ce qu'il désire, je le prends sous le bras et en nous promenant dans une terre labourée, je le confesse au bruit du canon. Les anges du ciel ne sont-ils pas plutôt là que dans la vie heureuse et molle des temps de paix ? Comme ils se confessent bien ces pauvres blessés couchés sur la terre froide !.. Comme ils répondaient bien à la prière que je faisais faire le soir à ceux que nous venions de panser avec André. Espérons donc...

Vous le voyez, mon pauvre frère, quoique je ne sache guère quand vous recevrez ces lignes, je les écris pour charmer mon ennui, si ennui il y a... car il me semble que je suis là où Dieu me veut, et que je n'ai fait que sa volonté. Je viens de relire vos dernières lettres, celles des Sœurs, celles de ce bon M. D... Nulle réponse n'est arrivée à aucun quoique j'aie bien des lettres en route.

Malgré tous ces biens que nous apporte réellement la guerre, je prie cependant de tout mon cœur pour la paix, car ces luttes sont horribles. Elles sont plus horribles pour moi que le premier jour... Je crains bien davantage maintenant les jours de bataille... Mon Dieu, mon Dieu, le péché est un bien grand mal, puisque c'est lui qui est la cause d'un si grand fléau. — Adieu... Espérons !.. Que sera demain ! Ce matin, vers dix heures, le canon se faisait entendre au sud de Metz... du côté de Montigny, des Sablons.

VIII

6 septembre 1870.

Ce matin, nous allons de bonne heure à l'ambulance du Polygone... maison nous a enlevé la plupart de nos blessés, pour les placer dans de meilleures conditions ; je vais donc à la pauvre ambulance du Saulcy où je frotte tout le corps avec du vinaigre à deux soldats qui ont la fièvre typhoïde.

Le lendemain, je trouve dans la même ambulance deux véritables pierres précieuses, ce sont deux braves jeunes gens de vingt-trois ans percés au ventre de part en part ; je me promets bien de les panser tant qu'on les laissera là.

Le soir, il pleut affreusement... et quel spectacle ! l'eau envahit bon nombre de tentes ; pauvres fiévreux, pauvres dyssentériques !.. Ils montent sur leurs gamelles, afin de n'avoir pas de l'eau jusqu'à la cheville. Que faire ? Les officiers de santé sont là se promenant avec indifférence. On n'ose pas leur faire apercevoir ce qu'ils doivent déjà voir très-bien. Mon Dieu!..

Demain, c'est la fête de la très-sainte Vierge. Comment la fêterons-nous ? Ah! demandons-lui la paix, mais la paix dans l'humiliation, car je sens que l'humiliation est bonne pour les peuples comme pour les individus. Puis, de plus, nous inviterons M. Gillet à venir partager un morceau de cheval avec nous. C'est le premier jour où nous nous décidons à en manger, et il y a bien des jours que nous ne connaissons plus la viande qui se vend 4 francs la livre. Il devient impossible de trouver du sucre ; nous prendrons donc le café sans sucre ; car le café semble nécessaire à cause de l'air fétide qu'on respire, même à une grande distance des ambulances.

Dans ma tente j'ai rencontré ce matin un grenadier de la garde qui ressemble à Notre-Seigneur Jésus-Christ, belle figure, barbe allongée, blonde... il est dyssentérique... Comment le tirer de cette affreuse humidité qui le tue ? Si nous le prenions dans notre chambre. C'est une idée. Ce serait le bouquet offert à la sainte Vierge...

Nous avons revu nos pauvres malades, mais on ne m'a pas conseillé de les prendre avec nous ; ce serait nous lier les mains, puis l'on va améliorer un peu leur sort, le changer peut-être... En effet, aujourd'hui on leur donne de petits lits en planches, au moins leur paille ne sera plus mouillée.

Le soir, en revenant de l'ambulance, nous allons à la bénédiction que donnent les P. P. jésuites en l'honneur du Bienheureux Claver. A la sortie de l'église, la canonnade se fait entendre; nous courons vers les remparts... Les Prussiens attaqueraient-ils les forts ? Il fait cependant un temps affreux... mais grâce à Dieu, la pluie augmente et devient si forte que le bruit cesse.

Nous nous demandions déjà comment nous pourrions aller au secours des blessés. Où trouver le champ de bataille par cette nuit si noire ? Au reste, les gros canons seuls ont tonné; il ne doit donc y avoir que très-peu d'hommes atteints, surtout par un temps si obscur. Nous irons donc seulement demain matin au Polygone voir si l'on a amené de nouveaux blessés.

IX

10 septembre 1870.

Pas de blessés nouveaux au Polygone. André y rencontre le P. Gadaut, qui lui dit que nous pourrions bien obtenir de servir cent ou cent cinquante blessés de cette immense ambulance. Cette idée me sourit; au moins nous serions très-occupés, et je regrette toujours de n'avoir pas suivi cette idée, il y a trois semaines.

En revenant de Saulcy, nous causons de cela avec le Père et la Supérieure des Sœurs Saint-Vincent de Paul. Elle accepte avec empressement et nous conduit dans une vaste barraque pleine de blessés; mais là sont des infirmiers payés, puis de jeunes femmes, de jeunes filles qui viennent panser les soldats, et cela avec plus ou moins de convenance. Évidemment un prêtre ne peut se mêler à cela, et une fois de plus nous déplorons avec la Sœur de Saint-Vincent de Paul, un tel état de choses. Le démon a profité de l'occasion et s'est déguisé en charitable infirmier ; il singe l'Église...

Quel bien on aurait pu faire à nos soldats ! tandis que voici deux mille malades et plus, sans messe, sans instruction, sans prière du soir et du matin ; pas un ne reçoit la sainte communion avant de mourir, et c'eût été si facile. Je rêvais de dire la sainte messe chaque matin dans les salles qui nous auraient été confiées, mais le directeur général M. S... est un franc-maçon ; il n'entend pas de cette oreille ; les soins matériels et rien autre. Il se moque des prêtres qui viennent voir les malades ; il me l'a dit à moi-même. C'est à grand peine que, l'opinion publique se révoltant, il a consenti à donner un coin à un P. jésuite qui y couche. mais on n'a encore pu obtenir d'y dire la messe. C'est un vrai malheur.

J'ai beaucoup admiré avec quelle patience les Sœurs de Saint-Vincent de Paul savaient vivre au milieu d'un tel état de choses. Elles le déplorent, et cependant elles le supportent afin de rester et de rappeler au moins par leur habit

Jésus-Christ à tous ces pauvres malheureux ; mais elles ne sont que quatorze au milieu de plus de deux cents infirmiers qui pansent les malades, *la pipe à la bouche*, etc., je n'exagère rien.

Nous abandonnons donc encore une fois ce projet, et après avoir regretté depuis près de trois semaines de ne pas l'avoir mis à exécution de suite en revenant de l'armée, je remercie Dieu qui m'a préservé de ce danger, car nous n'aurions évidemment pas pu rester au milieu d'un tel monde. On avait même cherché à nous faire partir. Nous continuons donc à voir les malades les plus abandonnés et à panser les plus dégoûtants. Le Saulcy nous en fournira encore longtemps. Puis, s'il y a quelque nouvelle bataille, nous tâcherons de nous y trouver ; après tout, c'est pour cela que nous sommes ici.

Mais la nuit semble souvent apporter un bon conseil. Aujourd'hui dimanche matin, je pense qu'il faut peut-être encore faire un effort pour arriver à pouvoir sanctifier un peu nos pauvres soldats par la sainte messe et les sacrements. Je retourne au Polygone ; la sœur de Saint-Vincent de Paul croit de plus en plus que c'est impossible : cette fois ma conscience est à l'abri.

Ce matin, à la messe, de nombreux officiers communient ; encore mon général de dimanche dernier ; à vêpres assez de monde à la cathédrale, et le soir à sept heures, fort belle et longue, très-longue bénédiction, et sermon à l'église de Notre-Dame, où l'on célèbre le vingt-cinquième anniversaire de son agrégation à Notre-Dame des Victoires. Cantiques, *Magnificat*, *Parce*, *Ave Maria*, litanies, oraisons, *Tantum ergo*, etc., et l'église pleine. Mais dans tout, il y a un petit côté comique : à la fin, comme air de sortie, l'organiste se met à jouer la Marseillaise ! Brave homme, ce n'était guère le cas.

X

12 septembre 1870.

Ce matin lundi, au Saulcy, j'administre plusieurs malades ; nous y passons de longues heures, nous visitons des blessés horribles... je distribue quatre-vingt-dix tablettes de chocolat.

Dans ce seul trou, il y a plus de trois cents malades. J'ai acheté ces tablettes afin de pouvoir suivre toutes les tentes et n'en manquer aucune. Ah ! si on pouvait donc obtenir de leur dire la sainte messe et de leur donner la sainte communion. Hier, beaucoup en exprimaient le très-sincère désir. « On vit comme des chiens ici » disaient-ils. Qui accuser d'une si coupable négligence ? Ah ! si la guerre pouvait donc nous délivrer de nos coutumes administratives et rendre un peu d'initiative à tout le monde, même aux prêtres. Nous ne savons plus faire que ce qui est décrété ou prévu par le règlement imprimé, et les aumôniers officiels n'ont reçu aucune instruction... de sorte que...

Entre parenthèse, un détail sur les vivres. A Metz, à cette heure, on ne mange guère plus que des chevaux. On en tue bien trois cents chaque jour. Samedi, j'en voyais plus de deux cents tristement attachés là où étaient jadis de beaux bœufs... Pauvres chevaux... si faibles qu'ils tombaient d'inanition... De temps à autre, pour leur conserver la force de se tenir sur leurs jambes, on leur apportait quelques brins de paille (Je n'exagère pas, *quelques brins).* Les chevaux de l'armée n'ont ni foin ni paille; dans huit ou quinze jours où sera notre cavalerie si cela continue? Elle sera mangée ou enterrée, car beaucoup de chevaux tombent malades avec un tel régime; ils se mangent la queue et la crinière les uns les autres, rongent les arbres, les planches des voitures... Quant aux vivres, les pommes de terre coûtent 100 fr. les cent kilos, le bœuf 4 à 5 fr. la livre, le sucre absent, le vin commence à augmenter.

Voici où en est la bonne ville de Metz, mon bon frère; les semaines se passent et rien de nouveau. Cependant hier dimanche, un étranger ne se serait pas douté que Metz est bloqué; si ce n'étaient les innombrables blessés prenant l'air dans les rues et y promenant leurs béquilles, on est comme en temps ordinaire, quoiqu'on s'attende à chaque instant à entendre le canon et à voir passer les bombes et les boulets.

Notre bonne hôtesse court toute la ville pour satisfaire un de nos blessés qui a envie d'un œuf... un œuf ! cela vaut au moins 50 centimes. Si vous aviez vu comme ce pauvre homme était content de voir un œuf. Le lait est inconnu... on vient de mettre en réquisition tous les foins, pailles et avoines de la ville.

Quels pauvres blessés nous avons trouvés aujourd'hui ! Dans quel état ils sont ! Nous avons passé plus d'une demi-heure près de l'un d'eux, jeune chasseur à l'air distingué ; une balle lui a fracassé le genou et est remontée jusque dans le ventre... impossible de décrire son état. Je lui lave le corps avec un peu d'eau. « Ah, que vous me faites du bien, disait-il, vous me rendez la vie. »

A côté de lui est un amputé, il a le tétanos, les dents serrées. Nous lui portons une fiole de Sanatura. « Oh que cela me fait du bien, s'écrie-t-il, je puis tousser. » Puis il fume un cigare, il a l'air rayonnant.

En face de lui, il faut administrer un vieux soldat de trente-trois ans, son corps est broyé. Au reste, tout plein de résignation... Pourquoi, ô Seigneur Jésus, ne peut-on donc pas apporter le bon Dieu à tous ces pauvres malheureux ?

Aujourd'hui nous aurions pu le donner au moins à quatre. Mon Dieu, aidez-moi, faites-moi trouver un moyen sûr. Vous désirez vous-même d'un grand désir que ces militaires vous reçoivent : *Intende prosperè et regna*. N'êtes-vous pas le Tout-Puissant ?

Quel malheur qu'il n'y ait pas de nombreux prêtres qui pansent les blessés, au lieu de ces femmes. Est-il donc sans danger pour de jeunes hommes d'être aussi pansés par de jeunes femmes ; quelles conversations à la suite, pour ceux qui ne sont pas très-malades ; puis quel bien spirituel cela leur fait-il ? Aucun. Tandis que chez le prêtre, son habit parle. C'est Dieu lui-même qui se manifeste visiblement. Oh mon Dieu, employez-moi, je vous en conjure ; vous le voyez, nous ne reculons devant rien.

Nous venons aussi de trouver à vendre notre voiture 150 francs avec peu de perte ; l'acheteur nous dit aller à Paris pour le maréchal Bazaine.

7.

Hum ! hum ! Cela nous paraît bien douteux. Cependant je le prie d'aller dire à M. Rondelet que nous sommes vivants et de donner de nos nouvelles. Mais... mais... nous voici sans cheval et sans voiture ; nous en sommes bien heureux, car il nous eût été impossible de nourrir Bataille. Depuis samedi, toute vente de foin est interdite sous les peines les plus sévères. Il faudrait le vendre pour la boucherie.

Ce soir, un journal raconte que les journaux prussiens annoncent la déchéance de l'empereur, etc. Serait-ce vrai ? Oh ! si c'était la paix, quelle joie ; la fin de ces massacres. Les pauvres blessés et fiévreux iraient en convalescence auprès de leurs mamans. A ce nom, tous sourient. « Ah ! si on pouvait, » disent-ils.

M. G... nous parle d'un départ de ballons. On en a vu quelques-uns en l'air ; mais il ne fait pas assez de vent. Puis, c'est si incertain la marche d'un ballon.

XI

13 septembre 1870.

A la sortie de la messe, je rencontre l'abbé Charpin, curé de Saint-Fargeux, aumônier officiel. Je l'accompagne un instant, et il me prie d'entrer avec lui chez un charcutier pour acheter un précieux morceau de porc qu'il voit pendre en montre, car, dit-il, je ne puis manger du cheval. Pour 6 francs, il en a deux livres; et comme, fatigué, il m'invitait à prendre un peu de vin avec lui dans le cabaret que tient le susdit charcutier, je l'invite moi-même à monter dans notre chambrette, pour partager notre déjeûner, ce qui vaudra beaucoup mieux.

Ce bon abbé nous confirme presque la proclamation de la République : « Hier, nous dit-il, les officiers ne parlaient que de cela. »

Je réjouis beaucoup nos malades et blessés de Saulcy en leur apportant cette ombre d'espérance de la paix. Oh! aller chez soi, auprès de sa mère, ne plus manger de la soupe de cheval, du pain mal cuit, être avec ceux qui nous aiment, qui sont nous. Oh! mon bon frère, et pour nous ne sera-ce pas une joie de revenir? Comme je vais vite vous envoyer de nos nouvelles dès que la poste marchera, comme je me réjouis de recevoir les lettres qui doivent avoir été arrêtées; puis nous ne tarderons pas à partir; car tout de suite on évacuera les ambulances sur l'intérieur de la France. Chaque jour ici on craint la venue du typhus ou du choléra; on n'accumule pas ainsi impunément un aussi grand nombre de malades.

A une heure, au retour de Saulcy, je trouve M. G... qui confirme le dire de l'abbé Charpin. Vive la paix; et si je ne dis pas: vive la République, je dirai: bénie soit la République, si elle nous apporte la paix. Quand on a vu une telle guerre de près, on n'en veut plus; mieux vaut la mort que d'assister à des choses si horribles. C'est, je crois, l'opinion des plus braves.

XII

14 septembre 1870.

Aujourd'hui 14, fête de l'Exaltation de la Sainte-Croix, les nouvelles se confirment encore. Une affiche de l'autorité invite les citoyens à la tranquillité, disant qu'elle ne peut ni nier ni affirmer ce qui a été publié dans un journal. L'empereur est prisonnier ; je crois qu'il a dû chercher à se faire ou tuer ou prendre, afin d'éviter l'ennui d'arrangements. Mais ce soir, on a parlé d'insurrection à Paris, de république rouge. Que va devenir Lyon ? Je devrais y être. Je partirai bien dès que je le pourrai, dès que la voie sera ouverte ; je donnerai une forte étrenne à un infirmier pour qu'il ait bien soin des blessés abandonnés que nous pansons assidûment.

Quelle page d'histoire ! Comme les faux succès perdent les hommes ! Des soldats nous donnent de singuliers détails sur le vote du plébiscite.

dans l'armée; quelle comédie! Le bon curé d'Ars a bien vu la raison de tous ces changements, quand il a dit des époques de troubles, de malheurs : « Dieu est en train de balayer le monde. » Tout est dans ce mot.

XIII

15 septembre 1870.

M. G... vient nous voir, nous parle de ballons par lesquels on peut envoyer peut-être de petites lettres; nous vous en envoyons une, mon bon frère, priant les anges de souffler sur le ballon qui la porte, afin qu'il ne fasse pas comme celui qui est venu retomber tout près de Metz.

XIV

16 septembre 1870.

Rien de nouveau, mais les bruits de désordre à Paris, du départ du Pape prennent de la consistance. Dans quel état est-on à Lyon? Que je voudrais y être. Il me vient à la pensée que peut-être messieurs les Prussiens me laisseraient bien partir. Je vais demander à M. Gillet quelles démarches il y aurait à faire. Je rêvais presque, mon bon frère, d'arriver dimanche matin et de dire bonjour à tout le monde à la messe de neuf heures; car lors même que les rouges seraient les maîtres, j'espère bien que notre église est toujours debout et que rien ne vous est arrivé.

XV

17 septembre 1870.

Impossible de réaliser mon rêve de départ. Mais nous voici décidément en république. Un journal de Paris, *Le Volontaire* vient d'arriver à Metz, dans les bottes d'un hardi et adroit brigadier d'artillerie ; il contient la dépêche de Jules Favre aux ambassadeurs des puissances. C'est parler bien haut dans l'état où nous sommes. Il s'est laissé emporter à sa fougue, car avec tout le patriotisme possible, il me semble difficile de faire grand fond sur les trois cent mille poitrines. Les boulets des Prussiens sont durs. Quant à moi j'espère la paix.

Que c'est triste, nos blessés maintenant ; leurs plaies se corrompent. Quand on vit au milieu de telles choses, on ne désire plus la guerre.

Cependant aujourd'hui on s'attend à un bombardement ; on remplit d'eau de grandes cuves et tonneaux placés dans les rues, on fait vider les greniers. Mon Dieu ! mais j'espère quand même. La Prusse elle-même doit craindre de perdre par un échec la belle position qu'elle occupe, son prestige.

XVI

18 septembre 1870.

Voici le dimanche passé sans bataille. Hier soir, je suis allé donner la bénédiction aux soldats à Queleu ; ils étaient bien deux cents. Je leur ai parlé, et j'y suis retourné encore aujourd'hui. Pourquoi n'a-t-on pas fait cela dans tous les villages? O organisations officielles, serez-vous au moins enterrées?

Quelle chûte, mon bon frère, que celle de l'empire, qui s'y serait attendu! et il n'a plus personne pour lui, absolument personne.

Comme dimanche passé, nous sommes allés à l'archiconfrérie. Pendant que le bon curé était en chaire, de nombreux coups de canons se sont fait entendre. J'admirais comment toute l'église restait calme; qu'était-ce? Je ne le sais pas encore ; le bruit s'est éteint avant la fin du sermon.

C'est demain la fête de la Salette. Que faites-vous de notre chapelle, mon bon frère? Oh! priez la sainte Vierge pour la paix. Ici il y a, à quatre kilomètres de Metz, une belle chapelle de la Salette; mais en ce moment, elle est au pouvoir des Prussiens. On a placé aujourd'hui une statue dans la cathédrale, afin de remplacer ce pèlerinage. Demandons à la sainte Vierge la paix, la paix dans de telles conditions qu'il en sorte du bien pour les âmes ; mais qu'il n'y ait plus de blessés, de jambes coupées, d'entrailles, de poumons percés, plus de coups d'éclats d'obus.

XVII

20 septembre 1870, Plantier, sous le fort Belle-Croix, Metz.

Nous voici de nouveau installés sous la tente, au service d'une grande ambulance de plus de trois cents malades dont plusieurs meurent chaque jour. Ce matin, j'ai dit la messe au milieu d'eux ; ils étaient très-contents, très-recueillis. Une fois de plus encore, le bon Dieu a réalisé mes rêves, car il n'est certainement pas de position où un prêtre puisse mieux utiliser son ministère.

Il y en a qui déjà ont demandé à communier. Après-demain, nous célébrerons de notre mieux la fête de saint Maurice. Nous ornerons l'autel de fleurs. Mais quel autel! une vieille planche perchée sur des sacs de militaires. Mais le Verbe, le Roi du ciel est là, et tout genou fléchit devant lui ; les majors sont très-bien. Hier au soir, j'ai accompagné deux corps au cimetière, ce matin un autre. C'est une vraie consolation pour ces pauvres gens de voir un prêtre à ces tristes enterrements.

Je vais, avec la permission du major, faire et peindre des croix pour chacun ; au moins leurs parents pourront les retrouver.

Nous sommes assez près des Prussiens, et cette nuit la fusillade et même le canon se sont fait plusieurs fois entendre. Cependant rien d'important.

Si l'on venait à se battre sérieusement, je me demande ce que deviendrait notre ambulance. Sainte Vierge, ayez pitié de nous, de ces pauvres malades !

Mais il ne faut pas oublier le grand chagrin que nous avons causé à notre bonne hôtesse en la quittant ; nous ne l'oublierons pas. Nous allons lui faire cadeau d'un bel album, car elle a la maladie des photographies, et elle ne sait où caser les siennes... puis, nous lui enverrons de Lyon une foule de bonnes choses.

André, plein de courage, continue à aller panser deux fois par jour nos deux précieux malades du Saulcy, l'un, celui dont la vessie est percée, semble guérir; l'autre baisse chaque jour.

Aujourd'hui, les bruits les plus fantastiques se répandent. On dit que quatre-vingt mille Prussiens ont été détruits ou faits prisonniers sous les murs de Paris. Cela nous semble douteux, car tous les récits des soldats sérieux nous les dépeignent comme bien armés et solides au feu.

J'oubliais de vous dire, mon bon frère, que notre tente est à cinq pas de celle du ministre protestant qui possède deux ou trois paroissiens dans cette ambulance ; au reste voisin parfait.

Voici neuf heures et demie, je suis seul.

André qui, à quatre heures, avait voulu encore aller panser nos blessés de l'autre côté de Metz, a, paraît-il, manqué l'heure de la sortie de la ville, car à sept heures les ponts sont levés.

Il fait un temps magnifique : un coup de canon vient de troubler le silence, — puis plus rien. Est-il possible que l'homme se livre à de si affreux combats sous un ciel si beau ? Ces étoiles que je vois sont les mêmes que vous voyez à Lyon, et dire que là, d'un moment à l'autre, sous l'œil de Dieu, de Notre Seigneur Jésus si doux, vont peut-être pleuvoir des bombes, des boulets ; le drapeau blanc à croix rouge de l'ambulance ne sauvera pas nos pauvres malades.

Je viens de les voir : vingt-huit, les plus malades, au rez-de-chaussée sont couchés sur d'étroits pliants ou brancards servant à porter les blessés ; tous sont gravement malades et m'inquiètent, car ils vont tout à coup plus mal. Deux communieront à la messe de demain, si toutefois tous deux vivent encore. L'un de ces deux est admirable ; il s'est confessé plusieurs fois, disant ce qu'il avait oublié. « Mon Père, me disait-il tout à l'heure, daignez prier pour moi, afin que je puisse un peu dormir... » Puis il a fait le signe de la croix, a croisé ses mains et a prié. Comme Dieu doit écouter les prières de ces pauvres abandonnés !.. « Monsieur l'abbé, m'a-t-il dit encore, vous n'oublierez pas la promesse que vous m'avez faite d'écrire à mes parents. Comme cela, je mourrai tranquille. »

Combien la souffrance et l'abandon purifient et détachent les âmes. Sur ces vingt-huit, dix ont la fièvre typhoïde, les autres la dyssenterie; on descend à mesure les plus malades dans cette salle.

Je m'étonne du bon air qu'ont encore ces malades ; ils sont tout vêtus, sans draps, couverts de méchantes couvertures. Eh bien, leur visage est beau, clair. Dieu est bon pour ceux qui sont pauvres, comme lui à Bethléem et toute sa vie.

Adieu mon bon frère, je vais m'endormir comme je pourrai, sur mes peaux de moutons. Il commence à faire frais, la toile d'une tente n'est pas un mur très-épais ; c'est demain la fête de votre père, je dirai la messe pour lui. Après-demain, en essayant de faire la fête de saint Maurice avec nos pauvres soldats, je penserai à celle que vous ferez à la Cité, à la maison Saint-Maurice, à nos vieillards.

Mes dépêches par ballon vous seront-elles arrivées ? Il en part chaque jour un. Il faut que je vous en envoie encore. Adieu, bonne nuit ; dix heures sonnent, je vous vois, avec votre régularité accoutumée, prenant vos dispositions pour vous engloutir sous vos couvertures jusqu'à demain matin.

XVIII

22 septembre 1870, fête de saint Maurice.

Pourquoi écrire tous ces détails? me direz-vous peut-être, mon bon frère; en effet, peut-être y a-t-il là une grande imperfection. Ne ferais-je pas bien mieux de ne m'occuper que de mes malades, en laissant le souvenir de ces longs jours entre les mains de Dieu?

Ceci est peut-être vrai en un sens, mais dois-je ainsi me séparer de vous? Je vous assure que vous écrire me fait en quelque manière l'effet d'une conversation avec vous, quoique je sache que je ne pourrai pas vous envoyer mes lettres: de plus, cela m'entretient la main, l'esprit et le cœur.

Mais voici de gros coups de canon. Mon Dieu, recommencerait-on? Il est presque midi, c'est bien tard pour entreprendre une bataille.

Mais, revenons à nos pauvres malades.

Hier matin, comme je le craignais, je trouvai mort celui qui, le soir, me disait de si douces choses. Il se nommait Laurencay; je l'ai conduit au cimetière ce matin. Il n'a pu communier, car ne conservant pas le Très-Saint Sacrement, je ne puis donner le saint Viatique que pendant la sainte Messe.

Ce matin, nous avions dressé un bel autel en l'honneur de saint Maurice; j'avais fini par découvrir un vieux et vaste couvercle de caisse; un soldat du génie l'a réparé, puis deux tréteaux avec nos deux nappes, quatre bouquets, c'était superbe. Nous avons dit la Messe au premier étage dans une salle où sont cent-huit malades; plusieurs malades des autres salles sont venus, petite instruction à l'évangile, un dragon et un sergent de la ligne ont communié. Je suis vraiment heureux d'avoir pu enfin réaliser ce rêve de dire la sainte Messe à ces pauvres abandonnés. Déjà ceux des autres salles la réclament. Après la Messe, un grand artilleur a demandé à pouvoir communier demain.

Hier, nous sommes allés à Metz acheter du tabac et des livres. Pour 20 francs, nous avons eu de gros volumes de diverses Revues avec images, etc.; c'est ce qu'il faut. — Pour ne pas trop contrister notre bonne hôtesse, nous sommes allés dîner chez elle; elle nous a fort régalés avec un morceau de cheval. Tout manque de plus en plus, même le sel; les soldats sont rationnés à 500 grammes de pain, 460 de cheval, 45 grammes de riz, 12 de café, 21 de sucre. Mais les coups de canon augmentent. C'est le fort de Saint-Julien qui tire; les Prussiens ne semblent pas encore lui répondre.

XIX

23 septembre 1870.

Le combat a fini par s'engager hier; mais les Prussiens n'ont cependant guère répondu, et les Français, comme c'est leur habitude, assez orgueilleux si je ne me trompe, ont dit que c'était parce qu'ils n'étaient pas en force.

Mais alors pourquoi ne les avoir pas culbutés ? Pardon de cette petite réflexion tactitienne ; je m'étais cependant promis de n'en plus faire ; car une foule de raisons peuvent empêcher une armée de profiter d'une bonne occasion pour aller en avant, la crainte d'être coupée, séparée d'autres corps d'armée ou de laisser ces corps d'armée trop en arrière, ou avec des flancs découverts, etc. Vous voyez, mon bon frère, que je deviens très-fort dans l'art de la guerre, moi, homme si pacifique et doué d'une si grande horreur pour les balles, les obus et leurs éclats. Mais ici, il est assez difficile, même avec les meilleurs prêtres, de parler d'autre chose. Et, soit dit en passant, c'est un grand tort, qui fait du mal, car cela enlève la ferveur, l'esprit de recueillement. C'est bien assez déjà pour troubler l'âme de l'affreux bacchanal de trompettes, tambours, etc. qui se fait autour de notre tente depuis deux heures.

En résumé, les Prussiens nous ont abandonné une position, et nos soldats y ont trouvé de précieuses provisions : du lard, du blé non battu, chacun d'eux revenait avec une gerbe : *Venientes autem venient cum exultatione portantes manipulos suos.* Pauvres gerbes matérielles, qui ne sont pas celles que prédisait le roi David et qui ont coûté la vie à pas mal d'hommes. Aucun blessé n'a été amené à notre ambulance. Encore deux décès parmi nos dyssentériques.

Je viens d'aller faire une visite à l'abbé Jacques que je prie de venir parler aussi dans une salle. Il a là un journal prussien du 18 qui semble donner quelques espérances d'une paix acceptable.

En route, je fais une trouvaille : 7 kilos de pommes de terre à 90 centimes ; c'est précieux, je les achète, plus une bouteille de vin doux pour réjouir André qui est à Metz à panser des blessés, je lui prépare un beau plat de pommes de terre en barboton, et pour varier, elles seront au liébig au lieu d'être à la graisse.

Aujourd'hui, calme complet parmi les canons et les chassepots.

Quel singulier être que l'homme! On finit par

s'habituer à entendre ce bruit du canon, tout en étant cependant exposé à voir arriver les bombes autour de soi ; le 14 août, vingt-cinq sont tombées dans le jardin où nous campons.

XX

Dimanche, 25 septembre 1870.

Hier, sauf quelques coups de fusils et de canon, rien.

Je vais à Metz voir M. Gillet qui est malade à son hôtel, et acheter de nombreux livres pour nos soldats, plus des crucifix que je m'enhardis à mettre dans les salles... et ce matin, ils sont fort bien reçus.

De bonne heure, j'annonce dans les quatre salles que c'est aujourd'hui dimanche; je distribue deux douzaines de petits paroissiens et en promets beaucoup d'autres ; les infirmiers eux-mêmes en réclament et un grand nombre viennent à la messe pendant laquelle je fais aussi une petite instruction; un canonnier communie, et la veille, au rez-de-chaussée, quatre avaient déjà communié en viatique.

Quàm bonus est Dominus timentibus eum. Voilà mon rêve bel et bien réalisé, et qui plus est, figurez-vous que je gagne de l'argent ; ce matin, M. le comptable m'apporte une belle pièce d'or, me disant que c'est le prix de huit enterrements que j'ai déjà faits. Cela me semble nouveau d'accepter le paiement d'un tel ministère. Mais les écritures sont là ; il faut recevoir. Je signe un papier, cela me fera de l'argent pour acheter des livres, bonbons, etc... pour mes malades.

Hier, nous avons fait visite à votre cousin M. M... du B... et nous l'avons trouvé près des remparts, campé dans un fossé, un trou, sur lequel il a mis sa tente ; c'est plus chaud, il peut mieux se tenir debout. Mais l'humidité et les douleurs ! Nous le trouvons errant au milieu des ombres de chevaux attachés à des piquets autour de lui. Beau lieutenant ! il est, comme il nous le dit, transformé en berger ; le matin, il a mené paître dans les champs une vingtaine de chevaux condamnés à la boucherie. Quel désastre ! Dans son peloton de vingt-cinq chevaux, il ne lui en reste plus que six ; de ses deux chevaux, il n'en a plus qu'un qui se tient debout, mais qui ne peut presque plus trotter ; dans quinze jours tous les chevaux seront morts ou mangés. C'est lui qui a la charge de la *popotte* (cuisine des officiers). Il vient d'acheter deux poules vingt-cinq francs. Cela vous donne une idée de ce que tout peut coûter. Quant à nous, grâce à Dieu toujours bon pour les pauvres, nous avons encore de l'argent, et on a toujours fini par nous donner ce que nous ne trouvions plus à acheter.

Hier soir, samedi, sortant de ma tente vers dix heures et demie pour aller voir mes malades, je suis frappé par la vue d'une certaine clarté et de certaines bandes blanches à l'horizon au Nord. En revenant, je jouis du spectacle d'une aurore boréale, aussi belle, je le crois, qu'on peut la voir dans nos pays. Le ciel est littéralement rouge comme à un coucher de soleil, et cette clarté rouge est traversée par d'immenses rayons de lumière blanche. Ces rayons ne sont pas tout à fait immobiles, ils changent de place, brillant plus ou moins. Quel mystère, mon Dieu ! A quelle distance se passe le phénomène, qu'elle est sa cause ? nul ne le sait et ne le saura peut-être jamais. O mon Dieu, vous aviez fait le monde bien beau ; pourquoi l'homme semble-t-il donc s'appliquer uniquement à le gâter et le corrompre ? Faites-nous miséricorde ô mon Dieu, et envoyez un saint qui réveille les peuples, qui leur fasse reconnaître votre main dans les maux qui nous accablent ou nous menacent. Car ce n'est pas tout de souffrir, il faut encore savoir et vouloir comprendre le sens de la souffrance et vous l'offrir.

Que faisons-nous, nous, pauvres prêtres ? Peu de chose. Mon Dieu, il faudrait un saint !

XXI

Mercredi, 27 septembre 1870.

Hier mardi, dès le matin, la canonnade s'est fait entendre, puis s'est propagée peu à peu sur la ligne comprise entre le fort de Queleu et celui de Saint-Julien. Elle s'est prolongée jusqu'à deux heures. Le soir, nous avons appris que les Français avaient voulu surprendre une ferme et un château occupés par les Prussiens, afin d'en enlever les provisions qui y sont accumulées. Il paraît que sans la trahison ou le bavardage d'un marchand d'eau-de-vie, on aurait pleinement réussi à les surprendre ; on l'a fait cependant en partie, nous avons eu peu de blessés, pas de morts, et on a ramené blé ; bœufs, porcs, etc., à la grande joie des soldats.

Immédiatement après la messe, André a voulu aller voir s'il trouverait des blessés à relever ; rien ne peut l'arrêter. Il revient à trois heures sans en avoir même vu, je le crois. On voudrait presque en faire des blessés pour avoir le plaisir de les panser. On en amène quatre à l'ambulance, mais ils avaient l'air si joyeux sur leurs cacolets, qu'il est vraiment impossible de les plaindre : l'un, blessé de deux balles au pied, jurait comme un bienheureux en parlant de ce qu'ils avaient pris aux Prussiens, l'autre se félicitait d'avoir été blessé le premier.

Le journal, grâce aux journaux trouvés dans les poches des prisonniers, nous apporte enfin quelques nouvelles. Une formidable résistance s'organise dans toute la France. Nous avons enfin un mot de Lyon ; la République rouge ne semble pas y avoir tout mis à feu et à sang. C'est ainsi que Dieu place toujours le remède à côté du mal qu'il laisse arriver pour le bien de ses enfants. Qui n'admirerait la main de Dieu dans cette ville de Paris, fermant ses lieux de plaisir, chassant de son sein ses filles perdues, brûlant ses bois qui faisaient son orgueil? La voilà réveillée de son sommeil de mort. O mon Dieu, envoyez donc votre esprit en quelque âme sainte, afin qu'elle puisse profiter de cette occasion pour vous faire connaître.

Il est deux heures, voici le fort Saint-Quentin qui gronde. C'est peu de chose.

Nous allons assister à la bénédiction que l'abbé Jacques donne à ses militaires dans l'église de Queleu. Il leur fait une fort bonne et fort jolie petite instruction sur le droit et le devoir; puis il me fait donner la bénédiction, ce qui me fait un véritable plaisir, car c'est dur d'être privé de toute cérémonie religieuse, de la présence continuelle de Notre-Seigneur, comme nous l'avons dans notre église.

L'abbé Jacques, en nous accompagnant pendant un long chemin, nous raconte qu'hier il est mort un de ses vieux soldats du 51me, vrai chrétien, qui portait la croix aux petites processions de la sainte Vierge, du Chemin de Croix. Il était du tiers-ordre de saint François ; et comme il avait entendu dire qu'il était mieux de réciter l'office en latin que de dire simple- les *Pater*, quoique sachant à peine lire, il l'avait appris tout entier par cœur, et le disait dans les marches. Renversé par une balle au cœur, il a serré la main à son lieutenant, a fait un grand signe de croix et il est mort. Le bienheureux !... Il y a des saints partout.

Il nous parle d'un autre jeune soldat qui, dans la simplicité de son cœur, s'était mis à communier tous les jours, sans même qu'il lui vint dans l'idée d'en demander la permission. Quand il l'a dit à M. Jacques, il l'a laissé continuer. Ce bon jeune homme était si occupé par ses longues prières et ses diverses fonctions, qu'il n'avait pas même le temps de penser au mal. Il récitait chaque jour son rosaire, entendait la sainte messe, et faisait une visite au Très-Saint Sacrement.

A l'ambulance, peu à peu j'en trouve de sages ; chaque matin plusieurs communient ; un sergent me dit hier, au moment où j'allais dire la messe : « Et moi, est-ce que je ne communierai pas ? — Mais, lui dis-je, vous avez déjà communié. — Et pourquoi ne communierais-je pas encore ? — Oh vous avez parfaitement raison, » lui ai-je répondu. Il demande que je lui apprenne des prières.

J'ai acheté cent petits paroissiens fort gentils, ils sont très recherchés et les encouragent à entendre la messe; au moins ils peuvent la suivre. En résumé, mon bon frère, j'ai là une assistance de près de trois cents hommes, dont fort peu sont rebelles ou indifférents. Ils aiment la messe et écoutent volontiers la parole de Dieu.

Quelle singulière chose, cependant, que je

sois fermé ici, loin de vous, sans espoir d'en sortir bientôt. Que ma pensée était loin de là, quand je vous quittais ; nour rêvions une marche triomphale vers Berlin.

XXII

Vendredi, 30 septembre 1870.

Quand j'ai vu l'empereur pris, j'espérais la paix ; elle était dans l'intérêt du roi de Prusse lui-même : vainqueur partout, il pouvait demander la paix en réclamant seulement les frais de la guerre. Cela suffisait à ses desseins, la Prusse devenait prépondérante en Allemagne et même dans le monde. Que lui importe une province de plus qu'elle ne pourra garder longtemps qu'au prix de sacrifices et de luttes continuelles ? Mais si le roi de Prusse n'a pas saisi cette occasion, s'il a repoussé tout accommodement ou demandé des choses impossibles, il n'y a plus de paix à espérer de longtemps. Peut-être s'emparera-t-il de Paris. Mais qu'importe, car la France n'est pas toute là. Qu'arrivera-t-il alors? Cette terrible armée prussienne s'énervera, se fondra peu à peu dans les villes nombreuses qu'elle occupera. Harcelée sans cesse, objet d'aversion pour les Français, il ne faudra plus qu'un trait de génie de la part de quelque général français pour lui infliger un désastre qui la forcera à une honteuse retraite. Mais ce sera long, et on n'obtiendra pas ce résultat sans d'immenses douleurs. Que de larmes, que de ruines!

Et cependant, ô mon Dieu, si on veut considérer les événements au point de vue catholique, au point de vue du salut éternel des peuples et des âmes, n'est-ce pas là ce qui semblerait désirable? Si aujourd'hui la Prusse nous accorde la paix gratuitement, nous l'accepterons sans doute avec joie. Mais voici qu'un prince protestant, qui a foulé aux pieds toute justice dans tant d'occasions, se trouve le prince le plus prépondérant de l'Europe. Ceux qui, même parmi nous, ont la sotte manie d'exalter les pays protestants, à cause d'une certaine supériorité matérielle qu'on ne peut s'empêcher de leur reconnaître, auront beau jeu, et les catholiques se trouveront rabaissés dans l'opinion.

La France, il est vrai, aura été humiliée, mais cette humiliation profitera-t-elle vraiment au salut des âmes? A-t-on assez souffert pour cela?.. Les familles coupables auront-elles été assez frappées pour comprendre les leçons que Dieu leur donne? Non, mon Dieu, je ne le pense pas; nul encore aujourd'hui ne s'accuse lui-même des maux de la France. On rejette la cause sur l'impéritie des généraux, sur le manque d'artillerie et de munitions, voir même sur la trahison. Mais au milieu de ce déluge de plaintes, personne ne se frappe la poitrine. Si la paix nous était rendue aujourd'hui, les choses resteraient donc ce qu'elles étaient.

Ce n'est pas que je désire la guerre, ô mon bon frère, car la guerre est un grand mal. Quel désordre, quelle étrange chose de voir tuer des milliers d'hommes pour leur arracher quelques bottes de paille et quelques porcs, mais je crois fermement qu'il faut voir la main de Dieu dans tout ce qui arrive parmi les peuples, parmi les peuples catholiques surtout. Ils sont le sel de la terre, et ils sont déjà si peu nombreux, si peu forts, que, sans la protection de Dieu, ils ne tarderaient pas à périr; et depuis longtemps nous disions bien ensemble qu'il semblait nécessaire qu'il arrivât des événements qui ramenassent les âmes à l'observation des commandements de Dieu, lesquels sont *saints et admirables,* comme parle l'Écriture, et ne pouvant par conséquent rester une lettre morte.

C'est ce qu'écrivait l'archevêque actuel de Paris, dans son mandement d'il y a trois ans. Les lois morales doivent s'accomplir tout aussi inévitablement que les lois physiques, seulement par d'autres moyens, et ces moyens, Dieu, depuis le commencement du monde, les tient en réserve; ce sont la guerre, les épidémies, les révolutions, l'apparition d'un saint, s'il se trouve sur la terre une âme capable de le devenir. Tout Dieu qu'il est, Dieu n'a pas d'autres moyens pour soulever les âmes et les arracher à leur torpeur ou à leur endurcissement, sans violenter leur liberté.

Voilà bien de belles réflexions, mon bon frère, et cependant envers et contre tout, je désire, j'espère la paix, une prompte paix. Hier, en allant à Metz, nous en avons entendu vaguement parler; j'en étais tout joyeux, et déjà je parlais à André de vous écrire de venir me remplacer ici, dans le cas toutefois où cela pourrait vous être agréable.

Il est six heures du soir : le soleil se couche splendide, et rien de beau vraiment comme ce paysage avec la cathédrale au milieu. La journée s'est passée tranquille, sauf quelques coups de canon dans le lointain. Notre tente, au milieu d'un champ, s'ouvre sur la campagne ; en face de nous de beaux arbres. A sept cents mètres, une redoute armée de canons qui tirent parfois. Ce qu'il y a de mauvais, d'assourdissant, ce sont les exercices des tambours, clairons et musiques, à peu de distance pendant plus de cinq heures par jour. Si esl musiques jouaient de grands airs, même des airs guerriers, ce ne serait rien; mais elles ne jouent que des quadrilles, polkas, mazurkas, etc. Il semble toujours qu'on va voir apparaître tournoyant un groupe de danseurs. Je crois vraiment que cela n'est pas sans quelque inconvénient, même pour les militaires ; c'est énervant.

Quelle joie, mon bon frère, si nous pouvions, un de ces jours, dîner ensemble dans notre tente ; je vous servirais la messe au milieu de nos pauvres malades qui continuent à mourir : deux sont encore aujourd'hui déposés sous un hangard. Je viens de faire de l'eau bénite, afin d'officier plus convenablement à la levée des corps. Le vase est un pot de jardin que j'ai bouché avec une cheville de bois, les brancards sont des pliants de blessés et les draps mortuaires des couvertures.

XXIII

Fête du Saint-Rosaire, 2 octobre 1870, Dimanche.

Mon bon frère, tout en surveillant la cuisson d'un précieux morceau de cheval (surveillance qu'entre parenthèses j'exerce avec grand soin, de peur d'être grondé par André quand il rentrera), je veux vous écrire en ce beau jour de fête de la très-sainte Vierge; et vraiment, ce jour est beau peur moi, pour nous. Ce matin, j'ai eu douze communions de soldats à ma messe, et un grand nombre y assistaient. Hier au soir, j'avais pu passer de longues heures dans les salles à leur parler de Dieu, de la sainte Vierge, de la fête du Rosaire, de la mort, de l'éternité; le tout en me promenant à travers les paillasses, et en en confessant de temps en temps quelques-uns; enfin, pour la première fois, je leur ai fait dans chaque salle la prière du soir en règle, et ils étaient très-contents; ils y ont répondu avec entrain; plusieurs sont venus se confesser d'eux-mêmes, m'accrochant dans la cour. Les soins que nous leur donnons, l'intérêt qu'on leur manifeste, les petits livres, médailles, pastilles, chocolat, sucre noir, etc., ont fini par porter leurs fruits. Si les bombes ne viennent pas nous déranger un de ces jours, j'espère que bien peu s'en iront de cette ambulance sans quelque bonne impression. Il y a eu de sincères retours à Dieu parmi les hommes peu malades.

Au reste, il est facile de parler de Dieu et de l'éternité au milieu des morts et des mourants. Ce matin, quatre corps étaient étendus sur la paille du hangar qui leur est destiné.

A six heures, nous en portons deux au cimetière, et deux autres vont mourir.

Hier, le journal nous apporte le détail de la séance du Corps législatif dans laquelle a été prononcée la déchéance de notre pauvre empereur. C'est toujours la même histoire, la même mise en scène. Comment ne pas voir la main de Dieu en tout cela? Je dis sa main, non pas tant en ce qu'elle punit quelques fautes politiques de nos souverains, mais parce qu'il me semble que cette main sacrifie tout, bouleverse toute la terre pour le bien de ses élus, c'est-à-dire des âmes qui essaient de l'aimer. Dieu voit que ces âmes se perdraient dans le bien-être, la paix, et il laisse les méchants détruire la paix. Mais, comme le dit l'homélie de la fête de saint Michel, à propos de la parole de l'évangile : *Il est nécessaire qu'il y ait des scandales. — Vœ tamen ei est homini, qui, quod necesse est ut fiat in mundo, vitio suo facit ut per se fiat.* Malheur à l'homme qui, à cause de ses vices, fait qu'il soit celui par qui est fait cette chose qui doit nécessairement être faite dans le monde.

Les bruits et les espérances de paix s'éteignent. Hier, M. Gillet vient nous voir dans notre tente, et nous annonce que quatre-vingt mille hommes vont essayer de sortir de Metz. Cela me semble difficile, à moins que l'armée prussienne ne soit devenue bien mince ; mais enfin, qui sait? D'ailleurs les soldats commencent à souffrir de la faim ; les chevaux meurent ou sont mangés, et deviennent de plus en plus incapables de traîner les canons et de porter les cavaliers. En tous cas, ce que j'y vois de plus clair pour nous, c'est que notre ambulance serait probablement culbutée dans la bagarre, vu que Plantières est le lieu où les Prussiens pourraient assez facilement s'établir pour bombarder

Metz, sans être trop inquiétés par les forts Saint-Julien et de Queleu. Oh! qu'il est vrai, qu'il n'y a de bien gardé que ce que Dieu garde! Une redoute ou forteresse élevée à la hâte, à 700 mètres de nous, est tout ce qui garde cette position. *Hi in equis, hi in curribus, nos autem in nomine Domini;* cette parole est et sera toujours vraie. Pauvre France! Quand comprendras-tu donc qu'un peuple doit avant tout servir Dieu, servir Jésus-Christ, que tout empire qui ne servira pas Jésus-Christ périra, car il ne sert à rien; il est le figuier stérile condamné au feu? Tes armées sont dispersées et humiliées, et cependant tu n'as pas encore levé les yeux vers Celui d'où seul peut te venir le secours et qui ne t'humilie qu'afin de te forcer à tourner tes pensées et ton cœur vers lui... C'est aujourd'hui dimanche; tes généraux ont-ils pensé à donner la messe à leurs hommes? Quelque signe religieux a-t-il apparu dans les camps, dans les ambulances elles-mêmes? Ce n'est que bien timidement que tes prêtres osent y introduire Dieu; tes enfants meurent

9.

par centaines sans recevoir ce Jésus, ce Verbe éternel qui est venu sur la terre afin de se faire *pain*, parce que, sans ce pain, nul n'a la vie véritable, la vie éternelle. Pourquoi donc tant d'aveuglement, ô mon Dieu, envoyez donc quelque voix sainte et puissante qui le dissipe.

Je viens d'écumer mon bouillon à grand'peine, et toujours avec la crainte d'être grondé ; cependant j'apporte les soins les plus consciencieux à ma besogne et je viens même d'aller par les champs chercher de petits bouts de bois, dont je reviens plein mes poches, car il en faut pour faire bouillir la marmite, de même qu'il faut des écus ; les pommes de terre coûtent 120 francs les 100 kilos; la moitié des épiciers ont fermé boutique ; ils n'ont plus rien, pas même du sucre noir. Hier, j'en ai fait un solde chez un épicier; bientôt je n'aurai plus que cela à donner à nos pauvres malades. Oh! si je pouvais avoir une dizaine de kilos chocolat Dutruc à 1 fr. 35 c. le kilo et du tabac : une mauvaise tête de salade se vend 25, 35 et 60 centimes.

Quant à nous, comme nous sommes pauvres

et au service de Dieu, il ne nous manque absolument rien du tout. Un de ces soirs, en sortant de la bénédiction de l'abbé Jacques, je demande à une bonne femme où je pourrais trouver des raisins pas trop chers : « Allez vers les Sœurs me dit-on. » J'y vais en effet. Les Sœurs enchantées m'en remplissent mon mouchoir, et, bien entendu, ne veulent pas entendre parler de paiement. Elles nous donnent de plus une espèce de petit cresson du pays et enfin de l'huile douce pour le mettre en salade, le tout avec force bonnes grâces et invitation de revenir chercher des raisins quand ceux qui sont encore sur pied seront mûrs. Il nous restait un morceau de cheval, nous avons fait un souper de Sardanapale. La parole de l'Évangile est toujours vraie, et tout cela sans parler de 22 francs tout neufs que vient de m'apporter monsieur le comptable. Aussi demain, je vais encore acheter cinquante petits paroissiens pour nos malades. Peu à peu tous en auront, c'est une bonne chose. O mon Dieu ! accordez-nous la grâce de faire une goutte de vrai bien aux âmes, car tout est là ;

le reste n'est rien, un peu de fumée qui passe. Quel bonheur, si une âme pouvait nous devoir son salut, puisque celui qui sauve l'âme de son frère sauve la sienne! vous l'avez dit.

Mon pot au feu continue à bouillir, par un soleil splendide; sauf quelques coups de canons de Saint-Quentin, calme complet.

Vous remarquerez que nous connaissons déjà les canons à leur voix. André faisait joyeusement cette remarque ce matin, ce qui prouve que les canons sont déjà au nombre de nos intimes amis. Ah! il me semble que si les rois ou les généraux relevaient les morts, soignaient les blessés, ou visitaient seulement les ambulances comme saint Louis, ils ne feraient pas si facilement la guerre; ils attendraient qu'elle fût nécessaire.

XXIV

Samedi 3 octobre 1870.

Je ne sais guère, vous ne l'ignorez pas, mon bon frère, je ne sais guère rester silencieux;

aussi me vois-je forcé, pour pouvoir causer, de vous écrire mentalement. Puis il faut bien que je vous rende compte du résultat des soins que j'apportais hier à notre pot-au-feu. Un vrai morceau de vieux cuir. De plus, nous avons observé sur ce bouillon chevalin un phénomène tout particulier, c'est qu'il ne possédait pas un seul œil de graisse et que, même froid, il était clair comme de l'eau de roche; ce qui prouve, hélas! que la pauvre bête était arrivée au dernier état possible de maigreur. Pauvre ville de Metz, que vas-tu faire si on ne peut pas te débloquer? Voici déjà tout un régiment de dragons démonté et armé en fantassins.

C'est demain la Saint-François, mon bon frère; elle ne se fêtera pas très-gaiement cette année, il me semble. On disait ce matin que les Prussiens étaient déjà à Mâcon. Serait-ce vrai? Hier, il y a eu, paraît-il, un combat au-delà du fort de Platteville!

Midi... Le fort de Saint-Quentin tire ses gros canons; il ne paraît pas qu'on lui riposte.

Saint François, priez pour nous. Obtenez-nous un saint comme vous. Quand on pense qu'un tel homme suffirait aujourd'hui pour convertir et changer le monde, car les âmes semblent bien disposées. Mais l'Esprit saint, l'esprit de flammes, n'est pas assez sur nos lèvres. O Jésus, Jésus, nous nous donnons à vous; venez, venez, et tirez-nous si nous ne voulons pas marcher : *Trahe nos!* Nous ne résisterons pas, mon Dieu, mais tirez-nous, car sans vous, nous ne pouvons marcher... nous sommes aveugles et boiteux... guérissez-nous, comme vous avez guéri tant d'infirmes, pendant votre séjour sur la terre. Comme eux, nous avons la foi : *Credo, credo, Domine Jesu...*

XXV

Mercredi 5 octobre 1870.

Quelle singulière chose, mon bon frère! Saint François n'a pas voulu que nous passions sa fête sans une petite réjouissance, même en un temps de blocus. D'abord, silence à peu près parfait de messieurs les canons et chassepots. De plus, notre ancienne hôtesse, exigeant toujours que nous allions de temps à autre dîner chez elle, ce qu'il est assez difficile de lui refuser tout à fait, il se trouvait que, sans préméditation aucune, nous lui avions promis d'y aller hier mardi. Et comme la bonne demoiselle s'était mis en tête de ne pas nous faire manger du cheval, elle s'est procuré coûte que coûte un microscopique morceau de veau qui lui a coûté je ne sais combien, de sorte que nous avons en résumé fait un festin splendide pour des assiégés.

Que vous avez raison de dire, mon bon frère, que Dieu doit donner, même dès ce monde, cent pour un à ceux qui ont tout quitté pour lui. J'espère donc qu'avant de mourir vous aurez quelque jour cent chevaux, cent domestiques, cent châteaux à votre service, etc. Mais cela serait bien peu digne d'un républicain, car, à l'heure qu'il est, le devoir d'obéir au gouvernement établi fait que vous êtes républicain.

On parle toujours de départ, de troubles, etc., les soldats ont reçu pour quatre jours de vivres de campagne, mais le pourra-t-on exécuter, ce projet, sans qu'une armée venue de Paris soit là, prête à donner la main à la nôtre ? Un sergent-major m'expliquait ce matin que cela lui semblait bien difficile. En tous cas, peu nous importe ; nous resterons avec nos malades et nous suivrons leur sort. Le beau temps a fait diminuer leur nombre, ils continuent à être bien ; chaque matin il en communie quelques-uns ; ils aiment de plus en plus la messe et bientôt presque tous auront un petit paroissien pour la suivre.

Combien sont admirables les œuvres de Dieu, ô mon bon frère ! En réfléchissant ce matin à ce qui se passe, j'admirais comment l'œuvre si obscure, si petite, si individuelle de la sanctification des âmes s'opérait, grâce à des événements immenses et formidables, et comment cette œuvre si petite, ne pouvait s'accomplir sans ces graves événements. En effet, pour que moi, pauvre prêtre, je puisse être admis à m'agenouiller sur cette paille à l'oreille de ces malades ou de ces blessés, il a fallu que Dieu bouleversât l'Europe, car, sans ce bouleversement, ce malade qui se confesse humblement et va communier avec foi et presque joie et amour, ce malade serait dans quelque ville, la casquette sur l'oreille, le cigare à la bouche, se moquant de tout et se croyant roi, parce qu'il sait travailler habilement un morceau de fer et gagner cinq francs par jour. Toute la philosophie (la philosophie dans le sens où l'Écriture entend le mot *sapientia*, sagesse) me semble contenue dans cette pensée. Sans cela, les événements du monde ne sont qu'une vaine fantasmagorie, un vain jeu des choses. Et cela ne peut être, car la conclusion de tout ce qui arrive, c'est la mort, la mort violente d'une foule d'hommes remarquables de l'élite de deux nations.

Comme ces événements détachent l'homme des choses de la terre!... Prise en masse, une armée, c'est certainement un corps qui gagne une bataille, chasse l'ennemi, marche avec courage en chantant. Mais, si je regarde en particulier chacun des hommes qui composent cette armée, ce bataillon, je trouve là des âmes individuelles dont chacune a sa vie propre, est un monde complet à elle-même. Sans doute, elle participe à la vie, aux sentiments de son régiment, elle se sacrifie pour le salut général de cet être anonyme qui est le régiment ou la patrie, mais cette âme, elle est *Elle*, elle est la fille d'une autre âme; si une balle l'atteint, elle tombe, disparaît; la Patrie, le régiment, ne sont plus rien pour elle. C'est pour cela, ô mon Dieu, que nous, prêtres, placés au milieu des armées, nous ne devons pas nous distraire de ces pensées si vraies, en nous occupant des mouvements militaires. A d'autres ces soins; à nous celui des âmes, de ces chères âmes dont la guerre fait si bon marché. Que ce soldat tombe en emportant d'assaut une redoute ou en faisant retraite, peu importe, car il tombe dans l'éternité, entre les mains de Dieu, aux pieds de Jésus-Christ, et s'il ne l'a pas connu et aimé sur la terre, comment pourra-t-il le connaître et l'aimer dans le Ciel?

M. Gillet vient nous voir. Il est très préoccupé de ce qu'il doit faire, du parti qu'il doit prendre. « La France entière, dit-il, est en armes, et moi, je suis là à ne rien faire. Je ne le dois pas. Est-il bien de me servir du prétexte qu'étant hors de ma ville natale, je ne puis être incorporé dans la mobile ; cela est peu digne. » Ne voulant pas se faire incorporer dans la mobile de Metz, ce qui l'exposerait à rester fermé dans cette ville, il pense à s'engager tout simplement dans les chasseurs ou les zouaves.

Au premier moment, cette pensée m'effraye. Mais en y réfléchissant, il me semble reconnaître qu'il a raison. Tous ses amis de Lyon ne sont-ils pas en effet, à l'heure qu'il est, déjà incorporés, marchant au feu, peut-être blessés ou morts ? C'est un sacrifice sans doute, mais doit-on s'y soustraire ?.. Non, non, sans aucun doute. Il me demande de prier pour lui, je lui offre de dire la sainte messe demain matin pour lui. Il accepte... et toujours généreux, il m'offre encore de l'argent pour acheter tabac, livres et bonbons à mes soldats. Je n'accepte pas, mais j'admire la Providence de Dieu qui nous poursuit des soins les plus assidus ; jusqu'à nous envoyer une branche de raisins délicieux que nous venons de pendre au sommet de notre tente.

Et nous, qu'allons-nous faire ?.. M. Jacques m'annonce hier que l'intendance ayant appris que je faisais le service de cette ambulance avait manifesté l'intention de m'en nommer l'aumônier... faisant cette réflexion assez naturelle, qu'elle ne pouvait ni compter sur moi ni rien me commander avec la certitude que j'obéisse, puisque je ne lui étais rien. L'argument est irréfutable. Je réponds donc de faire ce qu'on voudra, et en causant avec André, nous arrivons à penser que ce sera un moyen pour remplir mieux et plus facilement mon ministère de prêtre. C'est un engagement sans doute, car s'il s'agit de marcher en avant, je ne pourrai pas me retirer... mais dois-je me retirer dans ce moment, quoique mon cœur et tout ce qui vibre en moi me porte vers Lyon, me fasse ardemment désirer de savoir ce qui s'y passe, ce qu'est devenue notre œuvre. Je me demande si, dans ce moment, ce n'est pas un devoir de tout laisser pour la guerre.

La guerre pour nous prêtres, c'est le soulagement des blessés, des âmes... Aujourd'hui, quelques-uns de nos soldats me disaient, et du fond du cœur vraiment. « Mais, Monsieur le curé, vous êtes vraiment notre père à tous, vous venez toujours vers nous et nous donnez sans cesse. »

Ils disent vrai, très-vrai, ces pauvres abandonnés. Nous, prêtres, ne devons-nous pas être le père de chacun d'eux, comme si chacun d'eux était seul au monde ? N'est-ce pas ainsi que Dieu agit avec nous ?

XXVI

Vendredi 7 octobre 1870.

Comme tout change rapidement dans notre vie, mon bon frère, ne voilà-t-il pas que tout d'un coup on a évacué sur Metz mon ambulance. C'est vraiment dommage ; je commençais si bien à connaître tous mes malades. Il paraît que l'on craignait peut-être une attaque des Prussiens de ce côté-là. De plus, on parle toujours de partir.

Bref, avant-hier, à trois heures du soir, j'ai vu charger tous mes malades sur des cacolets, c'était bien triste vraiment, je leur ai serré à tous la main, leur ai promis d'aller les voir là où ils seraient ; ce que j'ai fait en partie ce matin ; mais c'est difficile, ils sont semés dans d'innombrables salles du quartier Coislin. Pauvres gens, ils n'auront plus notre bonne messe du matin, à laquelle chaque jour quelques-uns communiaient. Puis nous allons probablement suivre l'armée en campagne. Nous nous attendons à partir d'un moment à l'autre.

Nous suivons décidément M. Jacques, aumônier de la deuxième division du troisième corps. Mais cela dans les meilleures conditions, et non seulement avec la permission de l'aumônier en chef, mais bien plutôt sur son invitation. Il en est de même de l'état-major ; le colonel, qui est un très-saint homme, m'a dit qu'il serait bien heureux de me voir suivre sa division. Comme tout a changé !.. A cette heure, nous voici donc logés tout près du fort et de l'église de Queuleu, dans une petite maison où demeure l'abbé Jacques. Il nous a le plus aimablement du monde priés de partager son logement; et dans le jardin nous avons dressé notre tente qui nous sert de cuisine et de salle à manger.

Ce matin, ô merveille, nous avons obtenu une chopine de lait à 60 centimes pour notre déjeûner. Nous voici rationnés avec toute la ville de Metz à une livre de pain, et sur quoi se rattraper? On ne trouve plus rien. Il n'y a plus que le cheval qui ne soit pas hors de prix. Cependant il ne faut pas que nous nous plaignions, car nous avons encore de tout.

L'armée a reçu pour quatre jours de vivres. C'est la meilleure preuve qu'on veut la faire partir. Le pourra-t-on? Aujourd'hui, le canon s'est fait entendre au loin dans la direction de Thionville. Mais pour engager dans une route une armée entière, il faut être maître des positions qui bordent la route. Sans cela c'est s'exposer à une perte certaine.

Hélas, mon pauvre frère, il y a, je le crois,

de grands maux qui se préparent, et, comme nous le disions avec l'abbé Jacques, si la première fois on partait gaiement pour la guerre, maintenant on y va avec crainte, gravement, comme à un devoir. La position me semble si embarrassée, que je m'imagine toujours que d'un jour à l'autre il surgira quelque imprévu qui arrangera tout, sans répandre les flots de sang que coûteront les batailles que l'on prévoit.

XXVII

Lundi 10 octobre 1870.

Encore rien de nouveau, mais le dénoûment semble s'approcher.

Hier, au sortir de la messe, j'ai abordé notre brave et saint colonel d'état-major, et lui ai demandé devant Dieu un bon conseil sur ce que j'avais de mieux à faire... Devais-je rester à Metz, attaché à quelque ambulance, car c'est là qu'on semble pouvoir faire le plus de bien et le plus régulièrement, ou devais-je suivre l'armée, essayant de percer les lignes prussiennes ?

« Il y a beaucoup de bien à faire dans l'ambulance, Monsieur l'abbé, m'a-t-il répondu, mais il y en aura encore bien davantage dans l'armée. Nous partons quatre-vingt mille ; nous aurons vingt mille tués ou blessés, vingt mille prisonniers... Que deviendront les quarante mille restants ?... où iront-ils ?... Je ne le sais ; mais voyez... »

Il faut évidemment se décider pour le mieux. Je partirai donc.

Au reste, mon bon frère, à moins de se cacher, le séjour de Metz ne sera pas sans danger. Je ne suis donc pas allé braver la mort imprudemment, c'était mon devoir.

Nous nous préparons donc à partir sans bagages, nos sacs sur le dos. J'emporte notre chapelle afin de pouvoir dire la Sainte Messe jusqu'au dernier moment, et je prends toutes mes dispositions pour que vous ayez de nos nouvelles en cas de mort.

Il n'est encore que midi et demi, peut-être ne

partirons-nous que cette nuit. En attendant, je veux vous raconter notre vie de bloqués.

Grâce au bon abbé, elle n'est pas trop triste... Hier dimanche, à midi, j'ai dit la messe officielle devant notre général, au son de la musique militaire et du tambour; le soir, j'ai fait un sermon aux militaires ; pour dîner, nous avons mangé du si bon, si bon cheval, que nous avons voté un cordon bleu à l'excellente madame B..., notre hôtesse, qui l'a accommodé. C'est une brave dame qui nous prête souvent son feu, car, par cette pluie et cette boue, il n'est pas très-commode de faire le feu dehors.

Le soir, grâce au bon abbé Jacques, qui est très-gai, très-aimable, et à un magnifique plat de cheval en sauce, nous avons passé une soirée qui ressemblait fort peu à celle de gens bloqués et exposés à partir, quelques heures après, par le plus abominable des temps, un vent affreux, une pluie continuelle et battante.

Ce matin lundi, nous regrettons qu'on ne soit pas parti cette nuit. Car nous aurions pu tromper l'ennemi, avec une telle boue, ses canons n'auraient pas pu courir les champs. Mais, nos généraux et officiers sont installés dans de beaux appartements, au coin de bons feux, dans de bons lits. On n'en sort pas facilement, et pour qui connaît le cœur humain, il est certain qu'on compromettra facilement le sort d'une armée entière pour ne pas sortir de son lit par un temps pareil et ne pas manquer un repas; tandis que le soldat couché sous une tente par un temps pareil, n'hésite pas à partir. « Et que diable, dira-t-il, nous serons mieux par les routes que sous cette tente mouillée, agitée et peut-être enlevée par le vent, » et cela est vrai pour tous les soldats. Huit jours de tente par un temps pareil doivent perdre une armée.

Je viens de terminer mes lettres, faisons nos sacs, préparons tout pour cette nuit. Hélas, ne partirait-on pas ? Et nos généraux livreraient-ils encore ces cent mille hommes ? O mon Dieu, quel mystère ! La mort ne corrige pas vos enfants. Espériez-vous donc que les humiliations les corrigeraient ?

XXVIII

Mercredi 12 octobre 1870.

C'est mercredi 12, et nous ne sommes pas partis. La position empire chaque jour ; les soldats ne reçoivent plus que 350 grammes de pain ; avec cela on ne peut vivre ; dans deux jours, ils n'auront plus la force de porter leurs sacs... Deux régiments ont refusé la distribution.

Quel étonnant mystère ?... Que font nos généraux ?.. Quatre-vingts généraux ; trois ou quatre maréchaux... et rien. Toute leur force est devenue comme de l'étoupe sèche. Ils ne disent rien... Pas un mot d'encouragement aux soldats.

Hier des bruits sinistres commençaient à courir... Deux journaux paraissent avec des blancs... ce sont des passages supprimés par ordre. On parle de contraindre le maréchal Bazaine à se prononcer, à dire ce qu'il veut faire... à proclamer la République. On parle de capitulation... On dit les généraux décidés à se rendre... Sauvons notre peau. Le fait est que si le conseil des généraux avait décidé le départ, plus de vingt ou trente d'entre eux y trouveraient la mort. Mais la guerre peut-elle se faire autrement?... Ils n'hésitent pas à sacrifier des milliers de soldats pour arracher quelques bottes de paille à l'ennemi, paille qui servira surtout à nourrir les chevaux des officiers supérieurs... Oh oui, mon Dieu, pour la guerre comme pour la vie religieuse et sacerdotale, il faut de l'austérité, de la mortification, sans cela la matière emporte tout. On n'hésite pas à sacrifier une armée, un empire même, pour ne pas laisser refroidir un dîner. Avec du courage, cette armée pouvait se sauver; l'esprit des soldats est admirable; on pouvait partir sans voitures et sans artillerie, et on aurait trouvé assez d'hommes de bonne volonté pour enlever successivement toutes les batteries qui auraient voulu nous barrer la route.

Mais vous ne l'avez pas voulu, ô mon Dieu, et voici le froid avec un temps clair... C'est trop tard! De plus en plus les chevaux disparaissent.

De soixante-dix escadrons, la cavalerie se trouve réduite à seize ; c'est-à-dire douze à quatorze cents chevaux. On voit journellement des chevaux s'affaisser sous le poids de leurs cavaliers. Encore un peu, et tout sera dit.

Si cette armée est conduite prisonnière en Prusse, comme celle de Sedan, nous, prêtres, ne devrions-nous pas la suivre ; ces pauvres soldats exilés n'auront-ils pas plus que jamais besoin de nous, de nous qui devons leur tenir lieu de père, de mère, et leur refaire en quelque sorte une patrie à l'étranger ?

On commence à parler ouvertement de trahison. On suppose que les maréchaux rêvent le rétablissement de l'empire, et veulent essayer de se conserver l'armée afin d'agir dans ce sens.

Cependant hier ils ont bien été forcés d'enlever les aigles. On les a foulés aux pieds.

Les notables de la ville se sont rendus auprès du général Coffinière, commandant de la place ; ils ne lui ont pas caché leur méfiance et ils ont demandé d'avoir des postes de gardes nationaux à chaque porte, et deux batteries dans les forts.

Le maréchal Bazaine essaye de se disculper dans une affiche insignifiante, dont chacun se moque.

Les soldats souffrant de la faim, indignés de l'inaction dans laquelle on les laisse, de l'indifférence de leurs généraux qu'ils ne voient jamais, deviennent durs et colères ; les officiers ne cachent même plus leur mécontentement. Déjà on parle de la capitulation, et on sent qu'elle ne peut tarder... qu'il n'y a plus d'autre ressource.

Il ne peut plus être question de s'échapper par une trouée ; j'en suis pour mes frais de lettres de faire part... et le colonel d'état-major m'ayant fait prévenir que notre ambulance de Plantière allait de nouveau recevoir des malades, nous y retournerons demain, mais cela ne peut pas être pour bien longtemps.

Que vos desseins sont cachés, ô mon Dieu, et comme il faut bien ne voir que le salut des âmes pour y comprendre quelque chose... Voici l'armée française tout entière détruite : l'anarchie, ou plutôt le gouvernement des citoyens par eux-mêmes succédant tout-à-coup à l'autocratie la plus puissante et la mieux organisée qui se soient jamais vues, nos grands maréchaux et généraux n'osant plus se montrer dans les rues ni à leurs soldats. Cent vingt mille hommes seront restés bloqués pendant deux mois entiers sans presque rien faire pour se délivrer ; Les précautions les plus élémentaires n'ont pas même été prises... Pendant bien des jours on a gaspillé les vivres, et l'on n'a rien fait pour en réunir.

Ne serait-ce pas, ô mon Dieu, que vous avez voulu que périsse un ordre de choses qui était un obstacle presque insurmontable à la religion ?

Que de perplexités, mon bon frère. Avant trois jours, peut-être, me dirigerai-je vers Lyon, si ce n'est pas vers le nord de la Prusse, en Silésie. Je ne crois pas que notre armée de Metz soit faite prisonnière... On la laissera partir avec armes et bagages. Mais ne nous faudra-t-il pas aller vers nos pauvres soldats de Sédan ?.. Où sont-ils ? Ils doivent être bien malheureux !

XXIX

Jeudi 12 octobre 1879.

Rien de terminé encore, mais tout est sinistre, on sent que c'est fini, on n'entend même plus le canon des forts, si ce n'est quelques coups tirés *pour le roi de Prusse*, comme disent les soldats, ou pour récréer les belles dames qui visitent les forts. D'ailleurs, notre belle armée de cent cinquante mille hommes est réduite à rien; les soldats s'en vont tristes, uniquement préoccupés de savoir où ils trouveront à manger. Partout les chevaux s'affaissent sous leurs cavaliers. Aujourd'hui, nous en avons vu un qui s'est affaissé dans l'eau en buvant; on n'a pu le relever, il s'est noyé dans soixante centimètres d'eau, le vent semble les faire tomber.

On dit tout haut que le maréchal Bazaine et le général Coffinière trahissent et vont nous livrer.

Quels événements, mon bon frère, et si on n'était pas si vieux, si détaché des choses de ce monde, comme on s'en frapperait!

La France se perd en chantant pour ainsi dire ; sauf les blessés et un certain nombre de malades, qui après tout ne manquent pas de soins, on ne peut pas dire que nous ayons souffert pour tout de bon. D'abord les officiers et gradés n'ont encore absolument rien souffert ; avec de l'argent on a trouvé de tout, et hier, malgré un certain embarras que nous aivons pour trouver du pain, j'allais bien encore à six heures du matin en découper une couronne de six livres à une batterie d'artilleurs prenant le café. Il est vrai qu'André m'a fort grondé, quand il s'en est aperçu, mais grâce à un chapelet que je lui ai donné pour la boulangère, il en a bien vite trouvé une autre. Les officiers, comme vivres de campagne, reçoivent encore de fort beau pain, du cheval de choix, du bœuf même, café, sucre, etc., puis ils achètent pas mal de bonnes choses. Quand aux soldats, c'est un peu différent, mais enfin ils ont du cheval à discrétion, puis pas mal d'argent dans leur poche ; ce qui les tue, c'est l'inactivité, l'inutilité de tous les sacrifices que leur impose la vie des camps. S'ils sentaient qu'ils servent vraiment leur patrie, ils ne se plaindraient en rien, mais ils savent bien qu'ils vont être livrés.

Quant à nous, nous voici installés sous une grande tente d'ambulance dont le comptable nous a permis de prendre possession ; nos lits sont des planches sur quatre piquets, notre table *idem*, nous sommes installés comme des princes ; la tente de M. Holopherne ne devait pas être plus belle, mais il fait un orage qui la secoue singulièrement.

Adieu, nous allons faire la prière, puis voir si nous pouvons dormir en nous cachant bien sous nos couvertures.

Tiens, le canon tonne.

Pourquoi faire? ce n'est pas pour de bon, je pense ; c'est pour amuser le monde.

Peut-être demain la Lorraine se réveillera-t-elle prussienne ! Qui aurait pu s'attendre à cela ! et cependant ô mon Dieu, de tels malheurs n'étaient-ils pas nécessaires pour détruire un ordre de choses qui était en si grande opposition avec le catholicisme; toutes ses lois étaient méconnues, plus que méconnues et même plus que violées, elles étaient considérées comme inutiles, bonnes pour une autre époque, et voici que la violation constante de ces lois a entraîné la ruine de la nation ; le vice a diminué la population, réduit le nombre des hommes vraiment forts et capables de porter les armes, le mépris des lois sur l'abstinence a amolli nos officiers, nos généraux, leur a peut-être fait sacrifier des armées à leurs bouches et leurs habitudes de luxe, en les éloignant des camps pour habiter les belles maisons de campagne et les châteaux, les ont rendus incapables de résolutions viriles et étrangers à leurs soldats.

C'est ainsi, ô mon Dieu, que votre Providence rétablit l'ordre dans le monde, sans contraindre la liberté humaine ; les conséquences mêmes de la violation de vos commandements sont si désastreuses que les peuples sont bien obligés de se soumettre de nouveau à ces commandements s'ils ne veulent pas périr, mais qu'il nous est difficile de comprendre cela ; si je ne me trompe pas, il me semble que nul ne l'a encore compris en ces jours. A part quelques hommes d'élite, tous accusent la fatalité, l'incapacité des généraux etc., mais personne ne remonte à la première raison de nos malheurs.

Quelle leçon nous faudra-t-il donc, ô mon Dieu... ou plutôt les classes aisées sont-elles incorrigibles, et vous contenterez-vous du retour de tant d'âmes simples de soldats, où allez-vous aussi laisser emmener en captivité les cent cinquante mille hommes qui sont à Metz? Oh! Si de nombreux prêtres pouvaient au moins les suivre, ô mon Dieu, on ferait sans aucun doute du bien à leurs âmes... Abandonnés en pays étrangers, ils seraient si heureux de trouver le prêtre de leur patrie, devenu leur seul ami, leur seul vrai soutien... mon Dieu, mon Dieu!

XXX

Vendredi 14 octobre 1870.

Toujours le canon, et rien de nouveau.

Je vais avoir tous les malades de la grande

ambulance de Vallières que l'on évacue dans la nôtre.

Ce matin, en disant la sainte messe, dans la salle du premier, j'ai bien demandé à Dieu de m'accorder le saint, le véritable zèle... Qu'elles sont bien à nous, prêtres, ces âmes couchées sur de pauvres paillasses, abandonnées de tous... C'est pour elles, ô mon Dieu! que je voudrais devenir plus sage.

Mais je m'aperçois, mon bon frère, qu'au lieu de vous écrire, je me mets à prier par écrit. C'est que j'ai vraiment grand besoin de prier... si la retraite, la régularité, la clôture, sont des choses presque nécessaires à la piété, nous sommes bien loin de les posséder.

Ces jours derniers, nous étions souvent condamnés à de longues conversations des plus inutiles. Hier, une partie de la journée se passe à déménager et à s'installer dans cette immense tente, et il n'est pas bien sûr que nous y couchions ce soir.

Mais de quoi vais-je me plaindre?... Et nos pauvres soldats!

Hier au soir, tout en me mouillant de mon mieux avec une sentinelle, à l'abri sous un bout de toit de planches, cette pauvre sentinelle me racontait qu'elle se trouvait très-bien, car elle venait d'être pendant dix jours de grand'garde de nuit avec tout son régiment. Or, être de grand'garde consiste à passer toute la nuit couché ou assis dans les tranchées, c'est-à-dire dans la boue ou dans l'eau, à recevoir la pluie sur le dos, puisqu'il est sévèrement défendu de dresser les tentes ou d'organiser n'importe quel abri. Il faut garder son fusil, être prêt à toute attaque... et s'il a fait le même temps à Lyon qu'ici, vous savez quelles nuits nous avons eues ces jours derniers... Imaginez-vous dans quel état sont les pauvres soldats. Hier au soir, je croyais que le vent et la pluie allaient emporter notre tente.

Deux heures. — Le canon des forts redouble. Celui qui est à sept cents mètres de nous vient de tirer... Qu'est-ce que cela signifie? Tenterait-on quelque chose, ou plutôt les Prussiens voudraient-ils s'approcher davantage de Metz? car je crois que nous ne pouvons plus grand'chose.

Un soldat des trains me disait ce matin que sur cent cinquante chevaux de sa compagnie, il en trouvait chaque matin trois à cinq de morts. Figurez-vous ce que vaut une telle cavalerie... Comment tirer les canons et les caissons, par une boue grasse, épaisse, dont vous n'avez pas d'idée ?

Quatre heures. — André vient de Metz, d'où il apporte une vaste couronne de pain qu'il a obtenue je ne sais comment, et il m'annonce qu'il a trouvé la ville en pleine révolution. La garde nationale s'insurge contre l'autorité militaire... Elle fait des bravades, ne veut pas se rendre.

Pauvres bourgeois ! les Prussiens ne feraient qu'une bouchée de vous !... Allez donc camper deux jours dans la boue et vivre de trois cents grammes de pain avec les soldats... puis vous verrez.

Je crois que nous sommes décidément perdus. Hier on montait à Queleu une pièce de canon ; deux des huit chevaux sont restés en route... Allez donc avec cela combattre la puissante artillerie des Prussiens.

Il faudrait qu'une armée vînt nous délivrer... Mais laquelle?... D'où viendrait-elle?... Les Parisiens peuvent faire merveille derrière leurs murs, autour de Paris; mais nous arriver à travers soixante lieues, en rase campagne, je n'y crois guère... Il faudrait un miracle.

XXXI

Samedi 15 octobre 1870, neuf heures.

Autre chose.

Voici que de nouveau nous déménageons.

Hier au soir, à neuf heures, est arrivé l'ordre d'évacuer encore une fois les malades sur Metz... Allons, comme on voudra, il est trois heures. Mais l'heure de l'évacuation n'est pas encore là. Il y a le temps de recevoir plusieurs autres ordres. Nous ne décamperons donc nous-mêmes cette fois qu'au dernier moment.

C'est aujourd'hui la fête de sainte Thérèse, *aut pati aut mori*. Faites donc, ô sainte Thérèse, que les souffrances de tant de pauvres soldats, de tant de pauvres familles nous forcent tous à lever enfin les yeux vers le Ciel, le Ciel notre patrie.

XXXII

Dimanche 16 octobre 1870.

Nous voici installés à Queleu, y attendant encore d'un moment à l'autre l'heure du départ. Notre ambulance, cette fois-ci, a complètement déménagé ; il y a donc quelque chose dans l'air. Quoi ? Nul ne le sait. Est-ce le départ pour percer les lignes prussiennes, est-ce le départ pour la Prusse ? A midi, je dis la messe de la division. A voir nos beaux généraux et officiers en si belle tenue, on ne se doute pas que l'armée est dans une si triste position et meurt de faim. C'est qu'eux, nos beaux officiers, ne manquent de rien ; ils mangent encore du pain blanc, tandis que les soldats n'ont plus que trois cents grammes de pain de son... horrible pain ne représentant pas 150 grammes de bon pain. Aussi entend-on des officiers dire avec un certain air : « Mais, mais, Monsieur, l'armée n'a pas encore souffert. »

Comment l'histoire écrira-t-elle cette campagne?.. Plus de chevaux, des hommes si faibles qu'ils ne peuvent pas aller de leur camp à Metz sans se reposer. On ne peut plus espérer.

Le soir, en revenant des vêpres de la cathédrale qui ont duré deux heures et demie, à cause des longues prières qui s'y font pour la paix, je trouve une grande nouvelle. On part le soir même. Vite, vite, faisons nos sacs. Confessons-nous, car nous allons à une mort presque certaine. Les Prussiens sont forts et bien retranchés.

A sept heures et demie, las d'attendre dans l'incertitude, nous allons à l'état-major, où l'on rit en voyant comme nous avons cru si facilement à un départ. On nous apprend qu'on doit au moins attendre le retour de l'aide de camp du maréchal Bazaine, lequel a été envoyé en parlementaire au roi de Prusse.

Voici au moins un fait certain. Et que va-t-i

proposer au roi de Prusse, ce parlementaire, si ce n'est la reddition de Metz, à condition que l'armée partira avec armes et bagages et sera licenciée ou s'en ira derrière la Loire. En tous cas, il y a un armistice, car les canons se taisent ; silence parfait. Lundi passe de même... cependant le soir, nouveau bruit de départ.

Les soldats sont contents, mais, les pauvres enfants, ils ne se rendent compte de rien. Ils ne savent pas quelles difficultés énormes on rencontrera. Aussi, les officiers sont-ils sérieux et tristes... puis d'ailleurs, ce n'est plus une guerre, une bataille ayant un résultat ; c'est une fuite, où l'on perdra nécessairement beaucoup de monde, où il faudra complètement abandonner les blessés... C'est à peine si nous, prêtres, nous aurons le temps de leur donner l'absolution. On permet, il paraît encore malheureusement, d'emporter la moitié des bagages, ce sera notre perte. Comme tant d'armées dont parle l'histoire, la nôtre n'a pas la sagesse de s'abandonner à la Providence ; on craint de n'avoir pas une casserole, une poêle pour faire cuire du beefsteak une table pour le manger... et ce sera notre perte... Comment passer sous le canon avec ces défilés de voitures qui n'en finissent plus ?

XXXIII

Mardi 17 octobre 1870, fête de saint Luc.

Ce matin, tout est au départ.

Dès huit heures, les canons se font rudement entendre. Les batteries prussiennes établies au-dessus des moulins répondent. La négociation aurait-elle donc échoué ?

A dix heures, le silence le plus complet règne de nouveau.

Cependant, on continue les préparatifs de départ.

Dans un camp d'artillerie où nous venons de distribuer un gros paquet de tabac, on nous montre des mitrailleuses qui viennent d'être amenées pour remplacer quelques canons. On a distribué des cartouches aux fantassins. Encore une fois, nous faisons nos paquets.

XXXIV

Mercredi 18 octobre 1870.

Silence complet, bruits de capitulation. Ce matin, avec André, nous avons eu une longue conversation sur la perfection chrétienne et religieuse. Cette conversation m'a fait du bien à moi-même, car on trouve difficilement Dieu, au milieu de tant de troubles, d'incertitudes, et nous lisons quelques morceaux des épîtres de saint Paul. Quelle différence n'y a-t-il pas en effet entre l'esprit évangélique et celui du monde? Jésus est doux et humble de cœur. La guerre est le comble de la dureté et de l'orgueil. Aussi, nous, prêtres, devons-nous nous garder soigneusement de pensées, de réflexions aussi contraires à l'esprit qui doit nous animer.

L'abbé Jacques vient avec l'aumônier de Quelcu et nous apporte les plus étranges nouvelles. La France est toute sans dessus dessous: plus de gouvernement central obéi, capitulation certaine; pas d'autre ressource. La Lorraine et l'Alsace deviennent prussiennes.

Lyon est plein de désordres. C'est peut-être bien là qu'est ma place ; aussi prends-je la résolution de ne plus m'engager à rien sans avoir reçu des nouvelles de vous, mon bon frère.

Au reste, que pouvait faire Metz ? Les vivres diminuent chaque jour, la ration est trois cents grammes d'un pain affreux ; seulement je crois que ce n'est pas encore pour tout le monde. Ici nous en avons encore eu suffisamment. De plus, avec de l'argent on peut se procurer bien des choses. Une ordonnance d'officiers vient d'entrer en ville avec quatorze petits dindonneaux à 20 fr. la pièce. Quant à nous, le cheval, et toujours le cheval, tel est le fond de la cuisine de madame B...

XXXV

Samedi 22 octobre 1870.

Je me lasse, mon bon frère, d'écrire sur des journées qui se suivent sans amener jamais un changement qu'on attend tout le long du jour et même de la nuit.

On parle de projets incroyables du maréchal Bazaine, de l'arrivée de l'impératrice qui se présentera aux troupes et ira ensuite avec elle rétablir l'ordre à Paris et y fonder un gouvernement avec lequel le roi de Prusse pourra traiter etc., c'est tout à fait le Bas-Empire. Quels rêves insensés et égoïstes ! On pourrait presqu'en arriver à croire ce que disent hautement quelques-uns, c'est que le maréchal a volontairement laissé les choses empirer à ce point, afin de pouvoir jouer le rôle de restaurateur de l'empire ou de l'ordre, mais il est impossible qu'une telle comédie réussisse. Comment la Prusse peut-elle permettre à une personne d'aller dans une ville qu'elle assiége, ou même au-delà de la Loire, car la Prusse a tout à gagner à nos dissenssions.

Nous recevons de meilleures nouvelles de Lyon. L'ordre est rétabli.

Comme vous auriez vite pris un fusil, mon bon frère, si votre soutane ne vous en eût empêché.

Il paraît que les hommes d'ordre se sont mis

en avant, et si je ne me trompe, vous devez penser que vos prophéties vont se réaliser, car il ne serait pas impossible que le gouvernement s'établisse à Lyon et que Lyon ne devienne capitale de la France, etc., etc.

L'opinion la plus probable est cependant que toute l'armée va purement et simplement être faite prisonnière comme sa sœur de Sedan ; car il est difficile de supposer que les Prussiens, après une guerre qui leur a tant coûté, deviennent tout à coup doux comme des agneaux et renoncent à tirer des avantages de leurs victoires.

Mais je suis bien insensé de discuter ainsi, mon bon frère, c'est bien peu chrétien. C'est que c'est une singulière chose que de ne jamais savoir ce qu'on fera le soir ou le lendemain.

Ce matin, j'ai pu porter pour une dizaine de francs de liqueur, semoule etc, aux soldats. Il était singulier de voir une masse de grands artilleurs m'étouffant en me tendant la main pour obtenir une poignée de lentilles ou de farine. Ils la recevaient dans leurs képis, le pan de leurs redingotes...Pauvres gens. C'est qu'avec de l'argent on ne trouve rien. Ce sont les Sœurs de Queleu qui avaient eu l'adresse de me déterrer ces provisions chez quelques habitants.

XXXVI

Mercredi 26 octobre 1870.

Les jours s'écoulent sans amener aucun changement, si ce n'est que la position empire. On assure que l'impératrice, Henri V, les princes d'Orléans, etc., ont refusé de signer le traité avec le roi de Prusse. C'est évident : ils ne veulent pas rentrer en France, à la suite des baïonnettes étrangères... Nous voici donc très-complètement entre les mains de Dieu. De plus en plus, on dit que le général Boyer, envoyé en parlementaire, fait comme le général Bourbaki, et ne revient pas, ce qui est en vérité fort sage, car comme conclusion de tout ceci, nous n'avons guère à espérer que le départ de toute l'armée pour la Prusse. Cela semble certain, car si la capitulation consentie par les Prussiens n'était pas aussi dure, pourquoi attendrait-on autant ? Nos soldats s'affaiblissent de plus en plus et meurent, il paraît, en grand nombre, ce que l'on sait tant bien que mal, vu qu'on le cache... et que faire avec de l'argent, on ne trouve rien. Je vais faire quelques marmitées de bouillon avec un peu de liébig qui nous reste et j'essayerai de le distribuer aux soldats qui passent sur la route, car je n'oserais pas porter si peu de choses au camp.

Pour nous, il se passe un fait assez remarquable.

Nous sommes comme je vous l'ai dit, logés, provisoirement chez de braves gens qui, pour presque rien, nous donnent l'hospitalité la plus empressée. Or, notre hôtesse madame B..., avec une simplicité merveilleuse, obtient du boulanger beaucoup plus que la ration qui n'est plus que de deux cents grammes : « Donnez, donnez, dit-elle au boulanger, c'est pour M. l'abbé, il priera pour vous. » Le boulanger s'est laissé prendre à cet argument pendant deux jours. Le troisième, elle envoie une voisine chercher le pain ; le boulanger ne veut donner que la ration. « Ah bien oui, dit-elle, voilà une belle affaire ; je vais dire au boulanger que, s'il laisse mourir de faim M. l'abbé, M. l'abbé ne pourra plus prier pour lui. »

Évidemment le boulanger ne peut résister à un tel argument et il donne du pain. Seulement, voici que par une incroyable incurie de l'administration militaire qui ne fait nulle attention au débordement *artificiel* de la Seille, le four sera envahi demain matin. Et alors ma fois tant pis.

Mon bouillon a parfaitement réussi et c'est merveille de voir combien ces pauvres gens sont heureux de boire quelque chose qui sent le bœuf. Oh ! que cela fait du bien ! Si on en avait chaque jour un peu, etc.

Je ne ressemble pas mal à un marchand de limonade, attendant les pratiques sur le bord de la route.

Le soir, nous avons un orage affreux. Je ne m'entendais pas dans l'Église en parlant aux militaires. Pauvres soldats ! Comment vont-ils passer la nuit ? Leurs tentes s'envolent.

Cette nuit coûtera la vie à un grand nombre ! Que faire ?

XXXVII

Jeudi 28 octobre 1870.

Dès midi, le bruit de la signature de la capitulation se répand : l'armée se rend, Metz aussi. Les officiers seuls seront prisonniers ; les soldats, après avoir été désarmés, seront renvoyés dans leurs foyers.

Est-ce bien possible ?... Quelle leçon, mon Dieu ! Quatre-vingt-dix généraux et plusieurs milliers d'officiers prisonniers. Voici l'armée française tout entière détruite, anéantie. Cette vieille organisation, si brillante mais si vermoulue, a disparu comme un brin de paille sous le souffle de Dieu. Ah ! vraiment, il est impossible de ne pas voir la main de Dieu agissant directement en tout ceci... Vous nous renouvellerez, ô mon Dieu !

Quant à mes projets de départ pour la Prusse,

cela n'y change rien, car il ne s'agit pas encore de la paix. J'irai donc avec les prisonniers de Sedan. S'ils n'ont que peu ou point de prêtres avec eux, combien ils seront heureux de voir un prêtre français, d'entendre sa voix... O mon Dieu, quel bien pourrait se faire parmi eux, si vous consentiez à m'y conduire !

Peut-être, mon bon frère, pensez-vous que je ferais mieux de vous revenir, mais franchement, je crois que la maison marche mieux avec vous seul. Peut-être n'est-ce pas sans dessein que Dieu m'a éloigné de vous pendant au moins un temps. Au reste, en Prusse, j'aurai de vos nouvelles et je pourrai toujours revenir.

FIN

TABLE DES MATIÈRES

Préface. v

PREMIÈRE PARTIE

AVANT LE SIÉGE — LA CAMPAGNE

    I. Metz, Jeudi 21 juillet 1870.   1
   II. Metz, 23 juillet 1870. . . . .
  III. Lundi, 25 juillet 1870. 11
  IV. Paris, 28 juillet 1870. 16
   V. Metz, 30 juillet 1870. 18
  VI. Dimanche 31 juillet 1870. Fort de Saint-Ignon, Metz. 22
 VII. Metz, 2 août 1870. 25
VIII. 4 août 1870. 27
  IX. Metz, vendredi 6 août 1870 32
   X. Mardi, 9 août 1870. 33
  XI. Metz, 10 août 1870, fête de saint Laurent. . . . 41
 XII. 11 août 1870, près Metz, à quatre kilomètres, jeudi six heures du soir. 42
XIII. Près Metz, vendredi, fête de sainte Claire, 12 août 1870 49
XIV. Sur les hauteurs de Metz, samedi 13 août 1870. . 58

SECONDE PARTIE

LE SIÉGE ET LA CAPITULATION DE METZ

  I. 17 août 1870. 65
 II. Plaine de Voipy, sous Metz, samedi 20 août 1870. 70
 II. 27 août 1870. 90
III. 29 août 1870. 92

TABLE DES MATIÈRES

IV. 31 août 1870.	93
V. 1ᵉʳ septembre 1870.	97
VI. 2 septembre 1870.	101
VII. 5 septembre 1870.	102
VIII. 6 septembre 1870.	107
IX. 10 septembre 1870.	110
X. 12 septembre 1870.	113
XI. 13 septembre 1870.	119
XII. 14 septembre 1870.	121
XIII. 15 septembre 1870.	122
XIV. 16 septembre 1870	122
XV. 17 septembre 1870.	123
XVI. 18 septembre 1870.	124
XVII. 20 septembre 1870, Plantier sous le fort Belle-Croix. Metz.	126
XVIII. 22 septembre 1870, fête de saint Maurice.	131
XIX. 23 septembre 1870.	133
XX. Dimanche 25 septembre 1870.	136
XXI. Mercredi 27 septembre 1870.	139
XXII. Vendredi 30 septembre 1870.	144
XXIII. Fête du saint Rosaire, 2 octobre 1870. Dimanche.	149
XXIV. Samedi 3 octobre, 1870.	156
XXV. Mercredi 5 octobre 1870.	158
XXVI. Vendredi 14 octobre 1870.	165
XXVII. Lundi 10 octobre 1870.	168
XXVIII. Mercredi 12 octobre 1870.	172
XXIX. Jeudi 13 octobre 1870.	177
XXX. Vendredi 14 octobre 1870.	181
XXXI. Samedi 15 octobre 1870, neuf heures.	185
XXXII. Dimanche 16 octobre 1870.	186
XXXIII. Mardi 17 octobre 1870, fête de saint Luc.	189
XXXIV. Mercredi 18 octobre 1870.	190
XXXV. Samedi 22 octobre 1870.	192
XXXVI. Mercredi 26 octobre 1870.	194
XXXVII. Jeudi 28 octobre 1870.	197

FIN DE LA TABLE

LYON. — IMPRIMERIE PITRAT AÎNÉ, RUE GENTIL, 4.

www.ingramcontent.com/pod-product-compliance
Lightning Source LLC
Chambersburg PA
CBHW051859160426
43198CB00012B/1673